Elisabeth Dude

DIE MAGISCHE REISE ZU DIR

Verlag für kosmisches Bewußtsein

Die Deutsche Bibliothek -CIP- Einheitsaufnahme

Dude, Elisabeth:
Die magische Reise zu dir.

Orig.-Ausg., 1. Aufl. - Düsseldorf, 1998

ISBN 3-00-002915-X

© Elisabeth Dude, Verlag für kosmisches Bewußtsein
Herzogstraße 7, 40217 Düsseldorf
Telefon u. Fax 0211-38 26 93

1. Auflage 1998

Titelgestaltung, Satz u. Layout: Manfred Boelke, Palma de Mallorca

Alle Rechte vorbehalten

Printed in Germany

Inhalt:

Vorwort aus der geistigen Welt 7
Einführung 11
Die magische Reise zu dir 17
Spuren im Sand 44
Loslassen 57
Du bist ein spirituelles Wesen 77
Imagination, der Weg zum Erfolg 83
Die Liebe ist in dir 91
In Resonanz sein 107
Durch Vergebung zum inneren Frieden 113
Der Weg ins Licht 117
Freude 125
Die Chakren 129
Entwickle deinen Lichtkörper 137
Lichtkörpermeditation 143
ICH BIN der ICH BIN 151
Botschaft von Jesus Christus 167
Botschaft von Saint Germain 171
Kommunikation mit Gott 175
Epilog 181

Ich danke...

... der geistigen Welt für ihre liebevolle Betreuung und Hilfe.

Mein besonderer Dank gilt Jesus und Meister Eckhart für ihre liebevolle Begleitung.

Ich danke allen Leserinnen und Lesern, die meine Bücher: „Finde die Liebe in Dir", „Der Weg der unsterblichen Seele", „Du bist ein Wunder - lebe es!" und „Heilen mit der Christuskraft" gelesen haben, für das wunderbare Feedback.

Ich danke allen, die meine Bücher in Liebe verschenkt oder weiterempfohlen haben.

Ich danke den vielen Menschen, die mir wundervolle Briefe geschrieben und mir mitgeteilt haben, wie sehr meine Bücher ihnen geholfen haben. Ich danke euch, daß ihr mir erlaubt habt, an euren Erlebnissen teilzuhaben. Eure Briefe haben mich ermutigt weiterzuschreiben.

Ich danke all denen, die an ihrem Bewußtsein gearbeitet haben.

Ich danke allen, die Licht und Liebe ausgesandt haben.

Ich danke all meinen Seminarteilnehmerinnen- und teilnehmern für ihr Vertrauen und ihre Liebe, die sie mir geschenkt haben.

Ich danke allen Menschen, die zu einem Clearing zu mir gekommen sind und dazu beigetragen haben, viele erdgebundene Seelen ins Licht zu führen.

Ich danke allen Menschen, die bereit sind, der Welt Licht, Liebe und Heilung zu senden.

Ich danke allen meinen Freunden für die Unterstützung und die Liebe, die sie mir entgegenbringen.

Ich schreibe auch dieses Buch wieder in der „DU-Form", denn ich möchte zu deiner göttlichen Seele sprechen. Wiederholungen im Text sind nicht zufällig, sondern dienen der Einprägsamkeit.

Vorwort aus der geistigen Welt

Geliebte Kinder der Erde,
ich bringe euch die Liebe und den Segen Gottes, des Schöpfers allen Seins. Meine Botschaften aus den hohen Dimensionen des Lichts mögen euch helfen zu erkennen, wer ihr in Wahrheit seid. Ich möchte euch helfen, euer Leben voller Liebe, Freude und Fröhlichkeit zu gestalten. Wir hier in diesen höheren Dimensionen des Lichts sind eure älteren Brüder und Schwestern, die liebend an eurer Seite gehen. Wir möchten euch Hilfe bringen und unseren Beitrag zu eurer Verwandlung leisten. Wir lieben euch unendlich. Indem wir euch unsere Liebe senden, möchten wir euch helfen, die Liebe in euch zu entwickeln. Die Liebe, die in euch ist; der Christus, der in euch wohnt, der heilige Geist, der euch durchdringt, möchte sich durch euch ausdrücken.

Lange Zeit habt ihr die Liebe in euch verleugnet und Gott außerhalb von euch gesucht und konntet ihn dort nicht finden, die Gottesnähe nicht erfahren und die Liebe Gottes nicht erleben. Jetzt aber, zum Beginn des Wassermannzeitalters, das euch gleichzeitig auch in ein neues Jahrtausend nach eurer Zeitrechnung führen wird, ist es wichtig für alle Menschen auf der Erde, ihr Bewußtsein anzuheben und in ihrer spirituellen Entwicklung weiterzugehen. Jeder auf seine Weise und in der Schnelligkeit, die er für sich wählt. Jede Seele bringt ein bestimmtes Entwicklungspotential mit auf die Erde, das aus der Summe all ihrer Inkarnationen, aus ihrer Gesamtentwicklung besteht. Entsprechend diesem Potential ist es euch möglich, eine schnellere oder langsamere Entwicklungsphase zu durchlaufen. Alle Menschen befinden sich auf dem Weg zu Gott zurück, zur Liebe, zur Weisheit und unendlichen Kraft.

Manche Menschen auf der Erde wollen davon jedoch noch nichts wissen. Doch eure spirituelle Seele drängt euch dazu, auf der Leiter der Evolution aufwärts zu steigen. An der Seite jedes Menschen gehen geistige Helfer, seine Geistführer, die auf der gedanklichen Ebene versuchen, zu ihm durchzudringen und ihn zu inspirieren, auf seine Seele zu hören. Leider nehmen die meisten Menschen sich nicht die Zeit und Ruhe, nach innen zu hören, in sich hineinzufühlen und ihre Intuition zuzulassen. Sie sind in vielerlei äußere Geschäftigkeiten verwickelt und fliehen die Stille geradezu. Aber nur in der Stille könnt ihr die Stimme eures Hohen Selbst und die Stimme eures Geistführers hören.

Viele Menschen haben Angst, wenn sie sich der geistigen Führung anvertrauen, daß etwas von ihnen erwartet oder verlangt wird, was sie nicht zu geben bereit oder in der Lage sind. So verstecken sie lieber ihr Potential, anstatt der geistigen Führung zu erlauben, dieses in ihnen zu erwecken, damit sie es im Außen zum Ausdruck bringen können. Sie haben vielerlei Begründungen, warum sie nicht *in die Stille gehen können. Sie verstecken ihre Angst hinter äußeren Begründungen.*

Ihr alle seid schon viele Wege probeweise gegangen und habt bald diesen, bald jenen Weg ausprobiert, immer in der Hoffnung, daß es Menschen, Situationen oder Möglichkeiten geben möge, die euch in die Vollkommenheit führen werden. Nur, ihr Lieben, ihr seid bereits vollkommen, auch wenn ihr das immer wieder vergeßt. Euer Vater hat euch vollkommen geschaffen. Euer Vater-Mutter-Gott ist in euch und absolut vollkommen, also müßt auch ihr vollkommen sein. Diese Vollkommenheit gilt es zu entdecken und zu leben. So ist es nicht unsere Aufgabe, Kritik an eurem Verhalten zu üben, wie ihr Menschen dies so gerne tut, sondern das Potential, das in euch allen schlummert, zu erwecken, damit ihr es erkennen und leben könnt.

So ist für euch Menschen diese Zeit der Verwandlung, der Öffnung zu den neuen Dimensionen eine Zeit der Gnade. Ihr habt es gewählt, diese Gnade zu erfahren, indem ihr euch gerade zu dieser Zeit auf die Erde inkarniert habt, um eure Entwicklung schneller voranzutreiben, aber auch, um anderen Menschen zu helfen, ihre Entwicklungsschritte zu beschleunigen. So laßt uns miteinander arbeiten. Laßt uns miteinander in Freude tanzen und in Fröhlichkeit und mit Humor eure Entwicklungsschritte gehen. Ihr Menschen seht manche Dinge viel zu ernst und nehmt sie viel zu wichtig. Andere, wirklich wichtige Dinge übergeht ihr oder verdrängt sie in euer Unterbewußtsein, weil sie euch unangenehm sind. Oder ihr richtet euer Augenmerk sehr schnell wieder auf äußere Geschäftigkeiten.

So ist es für euch zunächst einmal wichtig, achtsam zu werden für die Führung in eurem Leben. Aufmerksam und offen zu werden für die Menschen, die euch begegnen. Jeder Mensch, der in euer Leben tritt, begegnet euch nicht zufällig, sondern tritt mit einer ganz bestimmten Botschaft in euer Leben. Die Botschaft könnt ihr mit den Ohren der Liebe oder mit den Ohren der Angst hören. Nehmt ihr angstvoll wahr, verschließt ihr euch, werdet starr und unnahbar. Nehmt ihr liebevoll wahr, öffnet ihr euch, laßt euch auf den anderen Menschen ein und könnt dankbar erkennen und annehmen, was er euch zu geben hat. So kann jeder Mensch zum Symbol eures Egos werden oder zum Symbol der Liebe, des Christus in euch. Es ist eure Wahl, worauf ihr euer Augenmerk richten und worauf ihr euch konzentrieren möchtet. Wir werden im Laufe dieses Buches noch öfter zu euch sprechen. Wir werden Meditationen mit euch teilen, die euch helfen können, euer Energiepotential zu erhöhen, eure Lichtkörper zu entwickeln, so daß es euch durch eure höhere Schwingungslage möglich wird, den Anforderungen des neuen Jahrtausends besser gerecht zu werden. Hierdurch wird es euch auch besser gelingen, in die Ebenen der Liebe in euch vorzudringen. Ich gebe euch meine Liebe und danke euch für eure Aufmerksamkeit."

Meister Eckhart

Einführung

Mein Leben hat seit vielen Jahren eine wundervolle Verwandlung erfahren. Meine Aufgabe als spirituelle Lehrerin hat mich mit vielen wunderbaren Menschen in Verbindung gebracht, mit denen ich tiefgreifende Lernerfahrungen machen durfte. Ich reise viel und halte Vorträge und Seminare im In- und Ausland.

Durch meine Bücher habe ich viele Menschen erreicht und durfte ihnen Wege zur spirituellen Entwicklung aufzeigen. Sie haben mir geschrieben oder mich angerufen und mir mitgeteilt, wie ihnen meine Bücher geholfen haben. Mein Leben ist erfüllt, und ich liebe meine vielen verschiedenen Aufgaben.

Durch meinen Kontakt zur geistigen Welt haben sich mir Bewußtseinsebenen erschlossen, von denen ich nie zu träumen gewagt hätte. Immer mehr kann ich in meinem Leben die göttliche Führung erkennen und zulassen. Dadurch hat sich meine Arbeit enorm verbessert und immer mehr ausgeweitet. Als ich die Bereitschaft und Offenheit hatte, mich dem Fluß des Universums hinzugeben, sind unglaubliche Dinge in meinem Leben geschehen.

Durch Meditationen und die Führung meines Hohen

Selbst habe ich erkennen dürfen, welche Aufgaben ich mir für dieses Leben vorgenommen habe.

Ich möchte dich, liebe Leserin, lieber Leser, an meinen Wundern teilhaben lassen und dich mit Hilfe der geistigen Welt auf der magischen Reise zu dir unterstützen. Bist du bereit, die magische Reise zu dir anzutreten? Bist du bereit, alles hinter dir zu lassen, was du als alten Ballast mit dir herumschleppst?

Durch meine jahrelange Arbeit als Medium durfte ich, mit Hilfe meines Geistführers Meister Eckhart, schon vielen Menschen helfen. Meister Eckhart war Mystiker im dreizehnten Jahrhundert. Viele Menschen sind ihm unendlich dankbar, genau wie ich. Durch seine Führung und unter seiner Anleitung habe ich eine ganz andere Schau bekommen. Mein Leben ist viel leichter und freudiger geworden.

Durch die Hilfe Jesu gelingt es mir immer mehr, in die Liebe hineinzukommen und die Ängste loszulassen. Alle Lernerfahrungen in meinem Leben waren notwendig, um mich auf meiner spirituellen Reise weiterzubringen. Keine war zufällig. Ich hatte sie, wenn auch oft unbewußt, gewählt, um mich weiterzuentwickeln. Ohne diese Entwicklungsschritte könnte ich meine heutige Aufgabe niemals erfüllen. So bin ich meiner göttlichen Führung sehr dankbar für diese Entwicklung. Ich mußte niemals auch nur einen Schritt allein gehen, Gott war immer bei mir und hat mir geholfen, wenn ich darum gebeten habe. Heute weiß ich, daß ich um jede Lernerfahrung gebeten habe, auch um die schmerzlichen. Sie waren es, die mich weitergebracht haben. Ich durfte erkennen, welchen Beitrag meine Eltern in meinem Leben geleistet haben. Ich erkannte, warum ich sie als Eltern ausgesucht hatte. Und sie haben mir als Seele die Erlaubnis gegeben, mich bei ihnen zu inkarnieren. Sie haben ihr Bestes gegeben. Auch wenn ich dies als Kind oft anders gesehen habe. Sie konnten nur nach ihrem Bewußtseinszustand handeln, wie jeder Mensch. Ich bin ihnen dankbar für die Lernerfahrungen, die sie mir mitgegeben haben.

Ich bin allen Menschen in meinem Leben dankbar, die sich mir für diese Lernerfahrungen zur Verfügung gestellt haben. Auch denjenigen, die mir „schmerzliche Lernerfahrungen" vermittelt haben. Ich grolle keinem, sondern bin dankbar dafür, denn ich weiß, daß jede Erfahrung auf meinem spirituellen Weg notwendig war. Ohne sie wäre ich auf meiner spirituellen Reise nicht so weit gekommen.

Das bedeutet nicht, daß ich in den Zeiten des Schmerzes nicht gelitten hätte, aber ich konnte vergeben und das Ganze aus einem kosmischen Blickwinkel betrachten, oftmals erst aus dem zeitlichen Abstand heraus.

Als Jesus mir half, die Welt und die Menschen in meiner Umgebung nicht mehr voller Angst, sondern voller Liebe wahrzunehmen, hat sich nicht nur meine Wahrnehmung, sondern mein ganzes Leben verändert. Vor allem aber mußte ich lernen, mich zu lieben und so zu akzeptieren, wie ich bin. In meinem Leben geschehen jetzt viele Wunder, und ich bin bereit, sie auch anzunehmen.

Als ich begann, den Sinn meines Lebens zu suchen, fand ich mit Hilfe meiner göttlichen Führung allmählich meine

Aufgabe. Ich erkannte, daß ich mir den größten Teil meiner Aufgaben bereits ausgewählt hatte, bevor ich auf diese Erde kam. Schon als ganz kleines Kind wollte ich Ärztin werden und in die Lepraklinik Albert Schweitzers, nach Lambarene gehen. Meine Mutter aber wollte unbedingt eine Studienrätin aus mir machen, was ich entschieden ablehnte. Statt dessen wurde ich Heilpraktikerin. Meine Tätigkeit als Heilpraktikerin ist die materielle Plattform, auf der ich sicher stehen kann. Um diese reihen sich spiralförmig meine anderen Aufgaben: Meine Tätigkeit als spirituelle Lehrerin, Seminarleiterin, Geistheilerin, Clearing- und Rückführungstherapeutin. Besonders erwähnen möchte ich hier meine Arbeit als Medium, die mir viel Freude macht. Durch mich übermittelt die geistige Welt Botschaften, die den Menschen, helfen, ihren Weg zu sich und der Liebe in ihnen zu finden. Sie zeigen uns kosmische Lösungsmöglichkeiten. Hier möchte ich besonders Jesus und Eckhart für ihre Hilfe und Begleitung herzlich danken.

Als ich den Auftrag von der geistigen Welt bekam, ein Buch zu schreiben, habe ich das zunächst weit von mir gewiesen, weil ich mir das nicht zutraute. Meine geistige Führung aber blieb beharrlich und drängte mich geradezu. Wenn ich mit anderen Medien zusammentraf, sagten sie stets: „Eckhart hält dir ein Buch hin und bittet dich, dieses doch jetzt zu schreiben." So begann meine schriftstellerische Laufbahn. Ich bekam dabei jede Hilfe des Universums, die man sich nur vorstellen kann. Kaum hatte ich mein viertes Buch: *„Heilen mit der Christuskraft"* auf den Weg zur Druckerei gebracht, wurde ich dazu inspiriert, dieses Buch zu schreiben. Es drängte mich geradezu. Ich hatte irgendwie das Gefühl, daß dieses Buch wichtig sei.

Einige Tage wachte ich mit dem Satz auf: „*Die magische Reise zu dir.*" Ich fragte meinen Geistführer, was dies zu bedeuten habe, und er erklärte mir, daß dies der Titel meines neuen Buches sei. Offensichtlich hatte ich mich nachts in der geistigen Welt mit meinen geistigen Beratern darauf geeinigt. Ich freute mich sehr darüber und begann mit dem neuen Buch. Als ich über das Umschlagfoto meditierte, bekam ich den Rat, doch in eine neben mir liegende Zeitschrift hineinzuschauen. Ich blätterte die Zeitschrift durch und fand zu meiner Freude das wunderbare Bild, das ich auf dem Umschlag verwenden konnte. Ich rief den Maler an, und er gab mir die Erlaubnis dazu. Welch wunderbare Fügung!

Beim Schreiben des Buches verband ich mich mit meinem Hohen Selbst und bat um Hilfe, die mir auch immer zuteil wurde. Ich vertraute der ICH-BIN-Kraft in mir und wußte, daß ich mit ihrer Hilfe fähig sein würde, dieses Buch zu schreiben. Ich ließ die Worte durch mich hindurchfließen, ohne Sorgen, woher das Material für dieses Buch kommen sollte. Ich wußte, alles würde in kosmischer Ordnung, leicht und spielerisch, geschehen. Ich war auch absolut sicher, daß dieses Buch zur richtigen Zeit fertig sein und eine Hilfe für die Menschen darstellen würde. Während des Schreibens spürte ich die Liebe des Hohen Selbst. Ich bin sicher, daß du, liebe Leserin, lieber Leser, sie auch spüren wirst.

Dieses Buch möchte dich auf der Suche nach deinem

göttlichen Potential unterstützen. Es möchte dich vorbereiten für das neue Jahrtausend. Möge es dir ein Wegweiser sein auf der magischen Reise zu dir. Es ist eine spirituelle Reise zu deinem Hohen Selbst. Ich hoffe, du wirst auf dieser Reise vielen Wundern begegnen. Deine Sichtweise der Welt wird sich verändern. Du wirst den Sinn deines Lebens und deine Aufgabe im Universum entdecken und erfüllen. Du wirst viele Erfahrungen machen, die dein Leben bereichern werden. Die Meditationen in diesem Buch werden dir helfen, dich für die Anforderungen des neuen Jahrtausends bereitzumachen.

Zu diesem Buch gibt es auch eine von mir besprochene CD. Sie wird dir helfen, in geführten Meditationen den Weg zu dir zu finden und in dein Inneres einzutauchen.

Viel Freude auf deiner spirituellen Reise.

Die magische Reise zu dir

Wir leben in einer wunderbaren Zeit der Wandlung. Es gibt für uns alle so viele Möglichkeiten, uns an der globalen Transformation zu beteiligen. Viele Menschen machen sich schon jetzt bereit für den Übergang ins neue Jahrtausend. Sie begeben sich auf die spirituelle Reise.

Viele Menschen verspüren den brennenden Wunsch in sich zu erkennen, worin der Sinn ihres Lebens besteht und warum sie sich zu diesem Zeitpunkt auf der Erde inkarniert haben. Wir sind auf einer abenteuerlichen Reise ins neue Jahrtausend. Es werden tiefe Bewußtseinsveränderungen stattfinden.

Die Aufgestiegenen Meister kommen uns ganz nah, um uns bei unserer spirituellen Reise behilflich zu sein. Sie senden feinere Schwingungen zur Erde, damit wir Menschen in der Lage sind, uns schneller zu entwickeln. Für uns Menschen ist es von großer Wichtigkeit, uns diesen höheren Energiefrequenzen anzupassen. Wenn wir uns dagegen wehren und gegen den Strom schwimmen, bringen wir uns nur unnötig in Schwierigkeiten. Es wird eine globale Transformation geben. Sie hat bereits im Jahre 1987 mit der Harmonischen Konvergenz begonnen. Damals wurde das erste kosmische Tor geöffnet und den Menschen auf der Erde höher schwingende Energie gesandt, damit wir uns schneller entwickeln. Dies ist seitdem mehrmals geschehen.

In den Zeiten der Transformation kann es vorübergehend zu körperlichen Problemen kommen. Es sind Energieanpassungsprobleme. Die Menschen machen nicht nur geistig-seelische Veränderungen durch, sondern auch körperliche. Manche Menschen reagieren auf die feineren Schwingungen mit einem erhöhten Pulsschlag, innerer Unruhe oder Schlaflosigkeit, andere mit Infekten und leicht erhöhten Temperaturen unklarer Ursache. Auch die Allergien und Schilddrüsenerkrankungen häufen sich. Vielleicht hast du schon bemerkt, daß es in deinem Leben einige dieser veränderten Schwingungsfrequenzen gegeben hat. Es ist kein Grund zur Beunruhigung, sondern ein liebevoller Aufruf zur Entwicklung deines Bewußtseins. Viele Menschen werden jetzt sensibler für die Energien ihrer Umwelt. Diese Hellfühligkeit bringt es mit sich, daß man vermehrt mit Schutz arbeiten muß.

In den Seminaren bei mir sind im Laufe der Jahre schon sehr viele Menschen in Kontakt mit ihrem Geistführer gekommen. Immer mehr Menschen ersehnen den Kontakt zu den höheren Dimensionen. Mehr und mehr Menschen beginnen sich für metaphysische Dinge zu interessieren. Unsere Geistführer sind Geist- oder Seelenwesen, die schon viele Inkarnationen durchlaufen und sich ein hohes Entwicklungspotential erworben haben. Sie sind von Gott gesandt, um uns bei unserem spirituellen Wachstum zu helfen. Sie sind unsere Freunde, die an unserer Seite gehen und stets darum bemüht sind, uns zu helfen. In meinem Buch „Finde die Liebe in Dir" habe ich genau beschrieben, wie der Kontakt mit der geistigen Welt hergestellt werden kann. Am besten ist es natürlich, den Kontakt in einem Seminar richtig zu erlernen. Auf der CD „Finde die Liebe in Dir" findest du die entsprechenden Meditationen, die dich mit deinem Geistführer und deinem Hohen Selbst in Kontakt bringen.

Unsere Seele drängt vermehrt nach ihrem kosmischen Ausdruck und führt uns zu immer neuen Entwicklungsprozessen. Wir befinden uns in einer Zeit, in der es tiefgreifende Prozesse der Veränderung geben wird. Alle Ebenen sind davon betroffen, die körperliche, die seelische, die emotionale und die spirituelle Ebene. Da alles im Universum Schwingung ist, langsame und schnelle, ist eine Veränderung unserer Schwingungsfrequenz notwendig. Im Leben mancher Menschen kommt es zu starken Krisen. Sie können ihren Weg nicht mehr erkennen und laufen ein wenig „kopflos" bald hierhin, bald dorthin. Manche Menschen geraten in massive Identitätskrisen, in denen sie Hilfe brauchen, um wieder zu sich selbst finden zu können. Sie haben die Liebe in sich verleugnet und brauchen Anleitung dazu, wie sie diese in sich wiederfinden können.

Da sich die Energiefrequenz in den letzten Jahren ständig erhöht hat, sind wir zu einer schnelleren Entwicklung aufgerufen. Wir sind aufgefordert, mit Licht zu arbeiten, um unsere Schwingungsfrequenz anzuheben. Dadurch werden sich unsere Molekularstrukturen verändern. Wir sind aufgerufen, unsere Lichtkörper zu entwickeln.

Du wirst in diesem Buch Meditationen finden, die deine Schwingungen anheben werden, um deine verschiedenen Energiekörper zu entwickeln. Die von mir besprochene CD *„Die magische Reise zu dir"* enthält die entsprechenden Meditationen, die dir dabei helfen werden.

Eine große Gruppe geistiger, hochentwickelter Wesenheiten, die „Aufgestiegenen Meister", die zur Weißen Bruderschaft gehören, hat es sich zur Aufgabe gemacht, den Menschen zu helfen, sich schneller zu entwickeln. Sie sind bereit, uns von den materiellen Strukturen unseres äußeren Seins in die spirituellen Ebenen zu führen. Jeder einzelne von uns ist aufgerufen, an dieser Verwandlung mitzuhelfen.

Sie versuchen, mit uns zu kommunizieren, um uns zu schulen. Sie senden uns ihre Farbstrahlen, mit denen wir arbeiten dürfen. Sie senden wunderschöne Klänge auf die Erde, die wir mit unserem Wachbewußtsein nicht hören können, die aber höhere Schwingungsfrequenzen in unseren Energiekörpern erzeugen. In der Meditation können viele Menschen diese Töne wahrnehmen. Jeder Mensch hat einen eigenen kosmischen Ton, der entweder harmonisch oder disharmonisch ist, je nach seiner Entwicklungsstufe. Wir alle spielen mit im großen kosmischen Orchester. Achten wir darauf, daß wir einen harmonischen, reinen Ton beisteuern.

Während des Schlafes gehen wir mit unserem Ätherkörper in die geistige Welt und erfahren dort Schulungen.

Wenn wir wach werden, wissen wir um die Belehrungen meist nicht mehr.

Hier ist die Morgenmeditation sehr hilfreich, weil wir dort wieder erfahren können, was uns gesagt wurde und welche Lernerfahrungen für uns wichtig sind. Damit wir in der Nacht in die hohen Lichtebenen hinaufkommen können und nicht in den astralen Ebenen stecken bleiben, ist das Gebet vor dem Einschlafen sehr wichtig. Wenn du, bevor du dich zur Ruhe begibst, meditieren kannst, ist dies für einen ruhigen erholsamen Nachtschlaf sehr hilfreich. Bitte Gott um Schutz für die Nacht und bitte darum, daß deine Seele in der Nacht von den hohen Engeln und Lichtboten unterrichtet wird.

Du kannst deine Geistführer bitten, dir bei deiner Entwicklung zu helfen. Bist du bereit dazu? Es ist notwendig, alle vier Ebenen deines Seins mit einzubeziehen, nämlich die körperliche, die seelische, die emotionale und die spirituelle.

Diese Ebenen sind nicht voneinander getrennt, sondern schwingen ineinander. Sie sind verschiedene Energiekörper, die um uns herum schwingen. Sie müssen geklärt und gereinigt werden. Da es sich um geistige Körper handelt, müssen wir die Reinigung ebenfalls im Geistigen vornehmen. Besonders der Emotionalkörper hat viele negative Ereignisse aus früheren Inkarnationen gespeichert.

Das neue Zeitalter, das Wassermannzeitalter, ist ein geistiges Zeitalter. Wir verlassen das Zeitalter der Materie und machen uns bereit für neue Bewußtseinsebenen. Wir wachsen in unsere kosmischen Aufgaben hinein. Mehr und mehr Menschen werden sich mit metaphysischen Dingen beschäftigen und sich ihrer paranormalen Fähigkeiten bewußt werden. Es verlangt nach geistigen Veränderungen, die sich dann auf allen anderen Ebenen auswirken. Durch die schnelleren Energien, die vom Kosmos zur Erde gesandt wurden, hat sich auch der Pulsschlag der Erde verändert, was eine Veränderung unseres Zeitgefühls zur Folge hat. Wie viele Menschen sagen: „Ich habe nie genügend Zeit."

Wenn man das Leben der Menschen betrachtet, wird man oft feststellen, daß sie sich gerne in Unwesentlichkeiten verlieren und Dinge vor sich herschieben, die wichtig sind. Andere sind so in ihrem Muster, nie genügend Zeit zu haben, gefangen, daß sie unter einem ständigen Druck stehen. Frage dich einmal, wie es mit deinem Verhältnis zur Zeit steht. Glaubst du, nie genügend Zeit zu haben? Die meisten unserer Probleme entstehen dadurch, daß wir an die Zeit glauben und in ihr verfangen sind. Ohne den Glauben an die Zeit könnten wir unsere Probleme loslassen und wären frei. Unsere Sorge um die nicht vorhandene Zeit in unserem Leben raubt uns die Energie und bringt uns in ständigen Dauerstreß. Der Glaube an die Zeit bindet uns an die Vergangenheit und sperrt in der Zukunft unsere Lebendigkeit ein.

Hier ist es notwendig, sich den schnelleren Energien anzupassen und sich zu sagen: „Ich habe stets genügend Zeit für alles, was wirklich wichtig ist, und für das, was ich gerne tun möchte." Dann wirst du sie haben. Ohne Bindung an die Zeit zu leben, heißt, im Hier und Jetzt zu leben. Ich selbst habe es erfahren. Ich habe sehr viele Aufgaben zu erledigen, aber immer noch genügend Zeit für mich und für meine eigene Entwicklung, die mir, wie du dir sicher denken kannst, sehr am Herzen liegt. Aber ich möchte auch anderen Menschen helfen, in ihrer Entwicklung voranzukommen. Seit vielen Jahren habe ich durch meine Arbeit als spirituelle Lehrerin Gelegenheit, die Entwicklung von Menschen zu beobachten. Ich freue mich über jeden Fortschritt!

Bist du bereit, Altes und Eingefahrenes loszulassen und Neues zu beginnen, um dein Leben zu verändern?

Sicher bist du schon durch viele Täler und Prüfungen deines Lebens hindurchgegangen und der Wunsch nach Veränderung wurde immer stärker. Du sehntest dich nach einem Ausweg. Du hast um Hilfe gebeten. Du hofftest, daß ein Wunder geschehen würde, um dich aus deinem Dilemma zu befreien. Möglicherweise siehst du dich als Opfer unabänderlicher Schicksalsschläge und machst dir ständig Sorgen, wie es weitergehen soll. Dieses Buch möchte dich auf die magische Reise zu dir führen. Es möchte dir neue Wege aufzeigen zu einem Leben voller Liebe und Glück. Es möchte dich mit den höheren Ebenen deines Bewußtseins in Verbindung bringen und dich mit der Liebe in dir vertraut machen. Auch in dir liegen unbegrenzte Möglichkeiten. Ich möchte dir helfen, den Zugang zu ihnen zu finden. Du bist ein Wunder, und du wirst es erkennen und leben! In dir liegt ein großer Diamant, dessen Facetten es zu schleifen gilt, um ihn zum Leuchten zu bringen. Begib dich noch heute auf die spirituelle Reise zu dir.

Es spielt keine Rolle, wie lange es dauert, bis du dein Ziel erreicht hast. Der erste Schritt ist der wichtigste. Es ist auch unwichtig, wie alt du bist oder in welchen Lebensumständen du gerade lebst.

Ich möchte dich auf der magischen Reise zu dir begleiten. Ich schreibe dieses Buch mit Liebe und Freude für dich. Du bist meine Schwester oder mein Bruder, und wir sind in Liebe verbunden, durch den Christus in uns.

Ich möchte dir zeigen, wie du in dich eintauchen kannst, um deine ganze Schönheit und Brillanz zu entdecken.

Du bist ein multidimensionales Wesen! Erkenne es! Lebe es! Lebe mit den kosmischen Gesetzen im Einklang. Dadurch werden mehr Freude, Liebe, Harmonie, Kreativität, Fülle und Lebendigkeit in dein Leben eintreten.

Nur wenn du es erfährst, wirst du es glauben und zur Wirklichkeit werden lassen. Dein dir von Gott geschenktes Potential kennt keine Grenzen, es ist grenzenlos. Erkenne das reine Licht in dir und erfülle dein ganzes Sein mit seinem göttlichen Glanz. Erkenne deine Göttlichkeit und verstehe, daß du eins bist mit dem ganzen Universum. Gott ist in dir, wie im ganzen All. Sein Licht und seine Liebe möchten sich durch dich ausdrücken. Da Gott das Licht der Welt ist und du in ihm bist und er in dir, bist auch du das Licht der Welt. Erkenne es und lasse dein Licht leuchten. Sende es aus. Das Licht, das du aussendest, wird das Licht in deinen Brüdern und Schwestern entzünden. Es wird vermehrt zu dir zurückkehren. Unterschätze nie, wie wichtig es ist, Licht zu schicken. Sei bereit zur Veränderung. Deine spirituelle Entwicklung hilft deinen Brüdern und Schwestern zu ihrer Veränderung. Deine Gedanken sind unendlich wichtig für die Entwicklung des Weltbewußtseins. Deine veränderte Schau ist der Beitrag, den du für die Welt leisten kannst.

Das Orakel von Delphi sagte:

„Erkenne dich selbst."

Das bedeutet: Schau tief in dich hinein und erkenne, wer du bist: Ein strahlendes göttliches Wesen! Was du über dich denkst, das bist du. Wenn du akzeptiert hast, daß du ein strahlendes göttliches Wesen bist, taucht in dir sicherlich die Frage auf, wie du an deine Göttlichkeit herankommst, um sie leben zu können. Alle Antworten sind in dir. Vertraue deiner Intuition. Glaube an die Führung deines Hohen Selbst.

Wir Menschen machen uns oft das Leben schwer, weil wir verlernt haben, auf unsere innere Stimme zu hören. Wir reagieren auf das, was andere Menschen tun oder unterlassen, anstatt selbst zu agieren. Wenn wir umkehren und wieder lernen, auf unsere innere Stimme zu hören, werden wir aufhören, uns durch unser Leben zu plagen. Wir werden wieder gewahr, daß wir der Schöpfer unseres Lebens sind und werden das erschaffen, was wir zu leben wünschen. Wir werden die göttliche Fülle, Liebe Weisheit und Kraft offenbaren. Dadurch werden wir uns mit größerer Leichtigkeit entwickeln und die Qualität unserer Schwingungen verfeinern, um so den Anforderungen des spirituellen Zeitalters besser gerecht zu werden.

Über Jahrhunderte hinweg haben sich die Menschen nur auf ihren Intellekt verlassen. Der Intellekt ist gut und notwendig, aber er ist begrenzt. Unser Hohes Selbst ist grenzenlos und verfügt über das gesamte Wissen des Universums. Jetzt ist die Zeit gekommen, unserer göttlichen Führung zu vertrauen.

Im Laufe vieler Generationen und Inkarnationen haben wir Menschen Schmerz und Leid erschaffen. Jetzt ist die Zeit gekommen, damit aufzuhören. Die Welt befindet sich in einer Krise und bedarf der Heilung. Wie jede Krise geht auch diese mit Turbulenzen einher. Altes muß losgelassen und verändert werden, damit Heilung geschehen kann. Wir haben aus freiem Willen diesen Weg gewählt, und jetzt ist es an uns, eine andere Wahl zu treffen. Wir müssen die Steine aus dem Weg räumen, die wir uns selbst als Barrieren aufgebaut haben. Es ist Zeit, daß wir Menschen unser höheres Bewußtsein nutzen und unsere Vollkommenheit zum Ausdruck bringen.

Alle großen Dinge in der Welt sind durch schöpferische Inspirationen manifestiert. Von Wolfgang Amadeus Mozart wissen wir, daß er rein gechannelte Musik geschrieben hat. Er war Medium für kosmische Musik.

So kannst auch du Kanal für die kosmische Energie werden. Du kannst dich mit ihr verbinden und die Energie zur Heilung einsetzen. Du kannst mit der universellen Energie dein Leben so gestalten, wie du es gerne haben möchtest. Allerdings solltest du dabei nie das Wohl des Ganzen aus den Augen verlieren. Die kosmische Energie ist unendlich kreativ und schöpferisch, in jedem Augenblick. Allmählich wirst du ein Gefühl dafür entwickeln, wann du mit der göttlichen Energie verbunden bist. Durch diese Verbindung wirst du stets ausreichend Energie zur Verfügung haben, um all deinen Aufgaben nachgehen zu können. Du wirst unendliche Liebe und Freude in dir spüren. Du fühlst dich emporgehoben und beflügelt.

Wenn wir in Gott ruhen, können wir unser göttliches Selbst ausdrücken, zum Wohle aller Menschen. Wir sind spirituelles Bewußtsein und auf der Welt, um zu lernen, diese Spiritualität zu leben. Wir lernen, uns mit der Ebene des Wissens in uns, dem Hohen Selbst, zu verbinden. Dieses Wissen können wir nutzen, um die Wunder in unserem Leben, nach denen sich unsere Seele sehnt, Wirklichkeit werden zu lassen.

Auf der spirituellen Reise zu dir ist es notwendig, alle Begrenzungen loszulassen, die du dir auferlegt hast, oder deine Familie, die Kirche oder die Umwelt. Bitte Gott um ein erweitertes Bewußtsein und um eine kosmische Schau. Sei offen und bitte darum, dich in die Ebene der Freiheit und des höheren Bewußtseins hinein zu entwickeln. Nur durch persönliche Erfahrung wirst du zu wahrem Wissen gelangen. Sei bereit zur Veränderung! Jetzt! Lebe in Dankbarkeit die verschiedenen Phasen deines Lebens. Sei dankbar für die Liebe und Freude, die in dir sind. Erlebe mit dankbarem Herzen das Licht deiner Seele, die erfüllt ist von ihrem göttlichen Sein.

Der Sternenglanz in deinen Augen ist ein Widerschein des leuchtenden Juwels deiner Seele.

Lebe dein Leben voller Lebendigkeit und Daseinsfreude. Begib dich auf die Suche nach den Schätzen, die in deiner Seele sind und die das Leben dir zeigen möchte. Bist du bereit, sie anzunehmen?

Um wirklich frei zu werden, müssen wir uns die alten, uns begrenzenden Verhaltensmuster ansehen, um sie loslassen zu können. Vieles haben wir ins Unterbewußtsein verdrängt. Mit unseren Mustern ist es wie bei einem Eisberg. Ein Drittel liegt oberhalb des Wassers und zwei Drittel darunter.

Um die uns begrenzenden Verhaltensmuster zu erkennen, ist es oft notwendig, bis in unsere frühe Kindheit zurückzugehen, um uns unsere frühkindlichen Prägungen anzuschauen. Manche Menschen haben auch bereits im Mutterleib, in der pränatalen Phase, prägende Muster übernommen und Verletzungen erlitten. Wir orientieren uns oft an den Modellen unserer Kindheit und den Meinungen unserer Eltern oder anderer Bezugspersonen. Ihre Glaubensmuster haben wir übernommen. Da wir sie nicht hinterfragt, sondern nur übernommen haben, sind sie für uns manifest geworden. Unsere frühkindlichen Erfahrungen sind ausschlaggebend für unsere heutigen Seelenregungen. Spüre sie auf, lasse sie los und dann:

Gehe mit Begeisterung durch dein Leben, und du wirst voller Energie und Tatendrang sein. Werde aufmerksam für die Schönheit, die dich umgibt. Laß dich durch nichts und niemanden von deiner Reise in ein neues Leben abhalten! Wenn du dem Sinn deines Lebens gemäß lebst, ist dein Leben erfüllt von Freude, Liebe, Leichtigkeit und Harmonie. Du bist im Einklang mit deinem Hohen Selbst. Wenn du den Sinn deines Lebens noch nicht kennst, bemühe dich darum. Meditationen werden dir dabei helfen. Du kannst auch die geistige Welt danach fragen, was du dir für dieses Leben vorgenommen hast. Welche kosmische Aufgabe du dir gewählt hast und welche Lernaufgaben du bewältigen möchtest. Zu mir kommen viele Menschen, die Eckhart fragen, welches der Sinn ihres Lebens ist und was sie sich für diese Inkarnation vorgenommen haben. Manchmal stimmt es mit ihrem jetzigen Leben überein, oftmals aber auch nicht. Er eröffnet ihnen ganz neue Lebensperspektiven und zeigt ihnen, welchen Lebensweg sich ihre Seele gewählt hat, bevor sie beschlossen hat, sich neu zu inkarnieren.

Möglicherweise bist du schon seit längerer Zeit von einer tiefen Unruhe erfüllt und fühlst dich nirgendwo richtig zu Hause. Erscheinen dir deine Tage leer und ohne Freude? Dies kann das Drängen deiner Seele nach einem neuen Ausdruck sein. Bitte dein Hohes Selbst, dir zu offenbaren, was gerade jetzt wichtig für dich ist. Vielleicht erhältst du eine klare Botschaft oder auch ein Gefühl. Oder es begegnet dir ein Mensch, der dir hilft, deinen Lebenssinn zu erkennen. Es kann sein, daß die Antwort in Form eines Buches oder eines Hinweises auf einen spirituellen Lehrer kommt. Sei offen für die Fügungen, die in dein Leben treten werden. Auf die eine oder andere Weise hast du sicher schon erfahren, daß dein Leben auf wunderbare Weise geführt wird, wenn du es zuläßt. Je achtsamer du bist, desto klarer und häufiger wirst du die Hilfen erkennen, die das Universum dir zuteil werden läßt. Du wirst Vertrauen in deine göttliche Führung entwickeln, die stets dein Bestes im Sinn hat. Wenn du dies sicher weißt, kannst du dich entspannen und aufhören zu kämpfen.

Du bist der Schöpfer deiner eigenen Realität und du allein entscheidest, was du in Zukunft tun und erleben wirst. Du bist auf deiner Reise nicht allein, Gott ist immer mit dir. Er sandte dir seine Boten, deine Geistführer, damit sie dich auf all deinen Wegen begleiten. Vertraue darauf, daß du deine Ziele erreichen und deine Träume verwirklichen wirst. Auch wenn du es bisher nicht glauben konntest. Du bist ein strahlendes göttliches Wesen, das alles erreichen kann, was es wirklich möchte.

Du kannst auch Jesus um Hilfe bitten. Er ist dein Bruder und möchte dir helfen. Du brauchst keine Meisterschaft zu vollbringen, nur deine Bereitschaft ist notwendig. Wenn du die Liebe leben möchtest, wird er dir helfen, wenn nicht, wird er warten, bis du dazu bereit bist.

Auch die Aufgestiegenen Meister stehen zu deiner Hilfe bereit. Du kannst ihnen in der Meditation begegnen und sie bitten, dir zu helfen. Ihre Liebe und Weisheit umgeben dich ständig.

Beginne gleich heute mit der wunderbaren, magischen Reise zu dir. Laß keine Entschuldigungen deines Egos aufkommen, warum die Reise verschoben werden müsse. Das

Ego ist sehr trickreich und wird die verschiedensten, sehr logisch erscheinenden Gründe vorbringen, was alles noch vorher zu tun ist. Du wirst von ihm hören, daß du ja ohnehin schon zu wenig Zeit hast. Wie also sollst du noch Zeit erübrigen, um zu meditieren und dich zu entwickeln? Ich kann dir aus eigener Erfahrung berichten, daß du, wenn du meditierst, hinterher viel mehr Kraft hast und alles viel schneller erledigen kannst. Also höre nicht auf dein Ego. Das weiß nicht, was Liebe ist, sondern höre auf dein Hohes Selbst. Dein Ego könnte dich auch damit abhalten wollen, indem es dir zu bedenken gibt, was denn wohl die anderen Menschen in deinem Leben davon halten werden.

Manche Menschen verschieben den Beginn ihrer Reise aus Bequemlichkeit oder Trägheit, oder sie hoffen darauf, daß ihnen die Erleuchtung auf einem Silbertablett dargeboten wird. Andere glauben, daß ihr Partner oder die Umwelt dafür verantwortlich ist, daß sie kein glückliches und erfülltes Leben führen können. Ich kenne Menschen, die ihre Aufgabe zwar erkennen, aber aus Angst vor dem Partner nicht damit beginnen. In ihrer Seele sind sie unglücklich darüber, aber ihnen fehlt der Mut, zu sich selbst zu stehen und ihre Lebensziele zu verwirklichen. Auf diese Weise kommen sie nirgendwo an, denn sie haben sich gar nicht auf den Weg gemacht.

Überprüfe deine alten Muster und Widerstände, die du dir aufgebaut hast und die dir nun den Weg zu versperren scheinen. Je eher du die Widerstände in dir erkennst, die erworbenen oder übernommenen, desto schneller kannst du sie loslassen. Schau dir in der Meditation deine unbewußten Konditionierungen an. Kein Mensch hat die Macht, dich von deinen Plänen abzuhalten, außer du gibst sie ihm.

Halte einen Moment inne und überlege dir, an wen du die Macht in deinem Leben abgegeben hast. Vielleicht deinem Partner oder deinen Kollegen, Eltern oder deinen Kindern? Hole dir deine Macht zurück und erkenne deine Schöpferkraft an.

Überprüfe deine Glaubensätze. Vielleicht glaubst du:

Ich bin nicht intelligent genug.
Ich bin nicht mehr jung genug.
Ich bin nicht attraktiv genug.
Ich habe keine Zeit.
Meine Familie hindert mich.
Ich habe nicht genug Geld.
Meine Ausbildung reicht nicht aus.
Ich habe nicht studiert.

Du wirst sicher schon erkannt haben, daß dies vorgeschobene Ausreden deines Egos sind, das dich am Weiterkommen hindern will. Du hast diese Muster erschaffen, und nur du kannst sie wieder ablegen. Es kann eine Weile dauern, bis du ein positives Bild in deinem Unterbewußtsein gespeichert hast. So lasse nicht nach in deinen Bemühungen.

Nur wenn du deine Bereitschaft und deinen ganzen Einsatz bringst, bekommst du die Hilfe des Kosmos. Wenn du den ersten Schritt gehst, verleiht Gott dir Flügel. Die Kraft Gottes steht dir jederzeit zur Verfügung, um dich sicher an dein Ziel zu bringen. Denn Gott und du sind eins, untrennbar miteinander verbunden.

Wenn du dich auf die Reise begibst, tue es mit ganzem Herzen und voller Freude. Überlasse deinem Hohen Selbst die Führung, dann wird dir alles viel leichter fallen. Sei offen für all die Schönheiten, die du erleben wirst, und genieße sie.

Wenn sich dir Hindernisse in den Weg stellen, gib nicht gleich entmutigt auf. Sie gehören zu deiner spirituellen Reise. Wehre dich nicht dagegen, sonst entstehen nur Leid und Schmerz. Lerne, trotz der Hindernisse fröhlich weiterzugehen. Du kannst dein Leben verändern. Denke immer daran: Du bist der Schöpfer deines Lebens.

Beobachte einmal einen kleinen Fluß. In ihm sind viele Hindernisse. Er fließt darum herum. Nur der Widerstand verursacht den Schmerz, nur die Angst lähmt dich. Bitte Gott, dir zu helfen, alle Hindernisse in deinem Leben beiseitezuräumen. Alle Hindernisse und Blockaden beruhen nur auf der Angst. Diese Ängste gilt es zu überwinden. Schaue ihnen ins Auge, frage sie, woher sie kommen und was sie dir sagen wollen. Ist es eine Angst, die du von deinen Eltern oder Großeltern übernommen hast? Das Schlimmste in unserem Leben sind die versteckten Ängste. Haben wir sie uns erst einmal bewußt gemacht, können wir daran arbeiten und sie auflösen.

Auf allen großen Einweihungswegen der Menschen hat

es Prüfungen gegeben. So wird auch dein Hohes Selbst von Zeit zu Zeit prüfen, wie ernst es dir mit deinem Bemühen ist.

Auch ich habe in meinem Leben viele Lernerfahrungen machen müssen. Als ich in Südafrika zum Sprechmedium ausgebildet wurde, sagte mir David, ein Geistwesen: „Es werden viele Tests und Prüfungen auf deinem Wege liegen." Ich fragte, welche dies denn wohl sein mögen. David lächelte nur und sagte: „Wenn ich es dir sagen würde, wären es keine Prüfungen mehr, nicht wahr?" Wie recht er damit hatte.

Nimm dir die nötige Zeit für deine Reise. Manche Menschen kommen nicht ans Ziel, weil sie zu ungeduldig sind. Sie wollen am liebsten auf einen fahrenden Zug aufspringen, um die Reise abzukürzen. So übe dich in Geduld und lasse dich führen. Meditiere und besprich mit deiner göttlichen Führung jeden Tag die neue Reiseroute, so kannst du nicht fehlgehen. Vielleicht machst du manchmal einen Umweg, aber du kannst sicher sein, daß dein Geistführer dich auf den für dich richtigen Weg zurückführen wird. Manches Mal wirst du sicher gegen die innere Führung rebellieren oder ihr ein „ich kann nicht", oder „ich sollte stattdessen" entgegensetzen. Vertraue darauf, daß dein Hohes Selbst dir liebevoll helfen wird, auch diese Hürde zu überspringen.

Genieße die Reise und achte auf die Zeichen, die dir gegeben werden. Sei offen für Menschen, die zu deinen Reisegefährten werden können. Manche mögen dich nur ein Stück auf deinem Wege begleiten und dann ihre eigene

Reise fortsetzen. Sei nicht traurig darüber, du wirst neue Weggefährten finden, wenn du dich dafür öffnest. Lerne von dir aus, auf andere Menschen zuzugehen. Bitte sie um Hilfe und Unterstützung. Möglicherweise ist einer deiner Lernschritte, um Hilfe zu bitten und annehmen zu lernen. Denke einmal darüber nach. Geben und Nehmen müssen im Einklang sein. Wenn du einen anderen Menschen um Hilfe bittest, gibst du ihm das Gefühl, gebraucht zu werden. Und dieses Gefühl lieben wir alle.

Möglicherweise bist du lange Zeit vor dir selbst weggelaufen und hast dein wahres Ich nicht wahrhaben wollen. Nur du kannst dein Leben zum Positiven verändern, niemand sonst. Wie oft hast du schon geglaubt, daß die äußeren Umstände Schuld an deiner „Misere" seien? Wie oft hast du deinen Eltern den „Schwarzen Peter" hingeschoben? Wie oft hast du schon versucht, andere Menschen zu verändern, damit sie in dein Denkschema passen? Nicht die anderen müssen sich verändern, du mußt deine Sichtweise korrigieren. Es ist nicht deine Aufgabe, deine Mitmenschen zu verändern, sondern sie so zu akzeptieren, wie sie sind. Es ist deine Aufgabe, deine Vergangenheit und deine Gefühle zu klären und dich um eine andere Sichtweise zu bemühen.

Die anderen Menschen spielen mit dir ein kosmisches Spiel. C. G. Jung hat einmal so treffend gesagt:

„Wir alle sind Hauptdarsteller in unserem eigenen Leben und gleichzeitig Nebendarsteller in einem größeren Bühnenstück."

Es liegt bei dir, ob du die Dramen der Vergangenheit ständig wiederholen oder deinen Lebensfilm umschreiben möchtest. Tritt heraus aus der Opferrolle.

Werde zum Schöpfer deines Lebens! Schaffe dir ein Leben voller Freude, Liebe und Harmonie. Lebe ein Leben in Fülle. Lasse dich nicht hineinziehen in die angstbesetzten Muster anderer Menschen und die allgemeine Miesmacherei, daß die Zeiten immer schlechter würden. Auch wenn dein Blick bisher mehr auf Mangel statt auf Fülle ausgerichtet war, kannst du deinen Blickwinkel jederzeit verändern. Erleben wir Mangel, so deutet dies auf ein tiefsitzendes Armutsbewußtsein hin, das wir in Wohlstandsbewußtsein verwandeln müssen. Betrachte einmal die inneren Bilder, die du über Geld und das Geldverdienen hast. Welche Beziehung hast du zum Geld? Entspricht Wohlstand deinem Selbstwertgefühl? Hältst du Geld für schlecht und nicht spirituell? Deine inneren Überzeugungen müssen mit deinen äußeren Wünschen übereinstimmen. Schau sie dir an. Durchleuchte sie. Resigniere nicht, wenn etwas nicht sofort gelingt.

Halte deinen Blick auf die Fülle Gottes gerichtet. Fürchte dich nicht vor neuen Erfahrungen. Wenn du ohne Angst in deine neuen Erfahrungen gehen kannst, wird dein Leben zu einem wundervollen und aufregenden Abenteuer.

Bleibe deinen Visionen treu und höre nicht auf die Meinung anderer Menschen, die dich von deinem Weg abbringen wollen. Es ist dein Leben, das du verändern möchtest. Du erschaffst deine Wirklichkeit. Sei voller Dankbarkeit für all das Schöne, das dir begegnen wird. Wenn du Gott die Führung in deinem Leben überläßt, wirst du immer zur rechten Zeit am richtigen Ort sein und alles wird sich für dich zum Besten fügen.

Um Raum für das Neue in deinem Leben zu schaffen, mußt du das Alte loslassen. Wirf den Ballast der Vergangenheit ab, er behindert dich nur auf deiner spirituellen Reise. Manchmal sind solche Ablösungsprozesse schwierig, schmerzhaft und langwierig. Das ist, wie alles im Leben, deine Wahrnehmung. Sei nur von ganzem Herzen dazu bereit und bitte Gott um Hilfe. Du wirst sie augenblicklich bekommen. Die meisten Menschen glauben, daß sie Gott sagen oder gar vorschreiben müßten, wie er ihnen am besten helfen könne. Dies deutet nur auf mangelndes Vertrauen hin. Gott, der dich als vollkommenes Wesen erschuf, weiß, welche Hilfe du brauchst. Stelle dir vor, du bist ein kleines Kind, das vollkommen sicher an der Hand seines Vaters durchs Leben geht. Das Kind hat Vertrauen zu seinem Vater. Es weiß, daß er den Weg kennt. Wenn du so an der Hand Gottes gehst, wird es dir an nichts mangeln.

Erwarte nur das Beste von jedem neuen Tag. Öffne deine Augen für die Wunder, die dir überall begegnen werden. Sei glücklich. Die Kunst des Glücklichseins kannst du erlernen.

Erfreue dich an der Schönheit der Natur, die sich dir in Liebe offenbart, wenn du dich dafür öffnest. In der Natur kannst du dich wunderbar mit neuer Energie aufladen, wenn du müde und erschöpft bist. In der Natur kannst du viele spirituelle Lernerfahrungen machen. Verbinde dich mit ihr und sei bereit, von ihr zu lernen.

Befreie dich aus dem alten und oft stumpfen Trott deines Lebens. Sieh, wie sich dein neues Leben in wunderbarer Weise zu entfalten beginnt. Sei dankbar und freue dich, auch über die kleinen Fortschritte. Du kannst täglich etwas Neues und Wunderbares lernen. Doch du selbst bestimmst, wann du dein Leben verändern und mit dem Lernen beginnen möchtest.

Jeder Schritt zur Veränderung beginnt mit einer Veränderung deiner Einstellung.

Albert Schweitzer hat es so ausgedrückt:

„Die größte Entdeckung einer jeden Generation ist, daß menschliche Wesen ihr Leben verändern können, indem sie ihre Geisteshaltung ändern."

Wir sind auf die Erde gekommen, um hier die Möglichkeiten des unbegrenzten Lernens zu haben. Nur revoltieren wir oft gegen diese Lernmöglichkeiten, laufen davon und sind unseren Lehrmeistern böse für das, was sie uns antun. Nur, ohne andere Menschen könnten wir diese Lernerfahrungen nicht machen. Bedenken wir doch, daß auch wir für andere Menschen Lehrmeister sind. Nur werden uns die Lernerfahrungen, denen wir auszuweichen versuchen, immer wieder dargeboten. Wir müssen sie machen, wenn nicht in diesem Leben, so in einem nächsten oder übernächsten. Nur werden die Prüfungen dann meistens schwerer. So ist es besser, sie gleich anzugehen und damit eine neue Bewußtseinsstufe zu erreichen. Aber es ist unser freier Wille, was wir wann lernen möchten.

Es erfordert Mut, Stärke und Konsequenz, den gcistigen Weg zu gehen. Es gibt manche Umwege, aber keine Abkürzungen, der Weg will Schritt für Schritt gegangen werden.

Es ist auch wichtig, daß wir uns bei unserer Entwicklung nicht überanstrengen. Notwendige Ruhephasen können sehr hilfreich sein, um neue Kraft zu tanken. Es muß, bei aller Geistigkeit, auch immer Phasen geben, in denen wir uns mit den materiellen Aspekten unseres Lebens beschäftigen. Wir leben nun einmal in der Dualität, und wenn wir ständig einen Pol überbetonen, geraten wir aus dem Gleichgewicht.

Vor allen sollte der Weg Freude bereiten. Wenn wir im Kampf und Schmerz steckenbleiben, sind wir auf dem Weg des Egos und nicht auf dem spirituellen Weg. Es ist wie bei der Saite einer Violine - wird sie überspannt, reißt sie. Wird sie aber langsam gedehnt, kann man ihr wunderbare Töne entlocken.

Manche Menschen überspannen den Bogen und wundern sich dann, daß sie in ein tiefes energetisches Loch fallen. Es ist nicht sinnvoll, himmelhochjauchzend und im nächsten Augenblick zu Tode betrübt zu sein. Es ist viel besser, in der Mitte zu ruhen, als sich mühsam aus der Talsohle wieder herauszuarbeiten.

Für manche Menschen bedeutet der Umgang mit den geistigen Dimensionen eine Flucht. Sie versuchen, den Lernerfahrungen aus dem Weg zu gehen und flüchten in die Meditation. Oft verlieren sie dabei den Realitätsbezug.

Viele Menschen lassen sich einfach treiben, ohne sich je darüber Gedanken zu machen, warum sie auf die Erde gekommen sind. Sie sind unglücklich und unzufrieden mit ihrem Dasein. Sie fragen nicht nach dem Sinn ihres Lebens, und ihr Leben erscheint ihnen sinnlos. Sicher gibt es auch in deinem Leben Menschen, die einfach nur so dahinschlendern.

Möglicherweise kannst du ihnen helfen, indem du sie auf dieses Buch aufmerksam machst.

Du hilfst allen Menschen durch deine Bewußtseinsentwicklung. Du hast so viel zu geben! Deine Talente und Möglichkeiten sind ein Geschenk an die Welt. Was möchtest du deinen Brüdern und Schwestern schenken? Glaube nicht, du hättest keine Möglichkeiten, einen wertvollen Beitrag für die Welt zu leisten. Es nützt nichts, sich über die Umstände in der Welt zu beklagen, dadurch veränderst du nichts. Überlege dir, wie du etwas verändern kannst, damit das Bewußtsein der Liebe die Herzen der Menschen erreicht.

Finde heraus, was du gerne tun möchtest. Du hast dich nicht zufällig zu diesem Zeitpunkt auf der Erde inkarniert, sondern mit einer ganz bestimmten Absicht. Finde sie heraus. Meditiere darauf. Wenn du beharrlich bist in deinem Begehren, wirst du die Antwort erhalten.

Beginne gleich heute damit, dich von altem Ballast zu befreien. Räume dein Leben auf. Durchforste es nach alten, dich belastenden Verhaltensmustern. Halte einmal einen geistigen Hausputz und wirf alles fort, was nicht mehr zu dir gehört. Höre auf, anderen Menschen die Schuld zuzuweisen und sie zum Sündenbock zu machen. Das führt dich nur in die Frustration und in die Einsamkeit. Ein indianisches Sprichwort sagt:

„Bevor du einen Menschen verurteilst, mußt du erst viele Meilen in seinen Mokassins gewandert sein."

Wir wissen nicht, warum die Menschen uns auf die eine oder andere Weise behandelt haben. Jeder Mensch hat aus seiner Sicht ein für ihn stimmiges Motiv, warum er bestimmte Dinge tut.

Um frei zu werden, mußt du den alten Ballast abwerfen. Durch diese Aufräumaktion wirst du in den inneren Frieden hineinkommen. Nach dem geistigen Hausputz wirst du dich frei und leicht fühlen. Es ist nicht immer einfach, hinter die alten Verhaltensmuster zu kommen, die uns oft schon seit unserer frühen Kindheit begleiten. Viele Menschen haben damals neurotische Verhaltensweisen angenommen. Jeder von uns hat von Zeit zu Zeit das Gefühl gehabt, nicht geliebt zu werden. Wenn du aber die Erfüllung in dir finden möchtest, mußt du umdenken und dich von den erworbenen Denkmustern trennen. Du mußt dein Bewußtsein erweitern, um in neue Ebenen des Wissens und der Weisheit vorzudringen. Du kannst erst dann eine lichte und liebevolle Zukunft erleben, wenn du die Vergangenheit hinter dir gelassen hast. Halte nicht so daran fest, daß es dich krank macht. Denke immer daran, es ist deine Wahl, ob du dich weiterentwickeln möchtest oder nicht.

Da der Geist Gottes in dir ist, der heilige Geist, der alle Weisheit und alles Wissen in sich trägt, wird es dir auch zugänglich sein, wenn du dich auf die Reise der Transformation begibst. Du wirst langsam, aber stetig in die höheren Bewußtseinsebenen hineinwachsen.

Es erfordert am Anfang ein wenig Mut, sich selbst tief zu begegnen. Es kann schmerzhaft sein, alte Muster zu erkennen. Wenn du aber wirklich bereit bist, das Alte loszulassen und Gottes Hilfe anzunehmen, wird dir nichts mehr im Wege stehen. Immer wenn du dich unruhig und angespannt fühlst, bitte dein Hohes Selbst um Hilfe, dir zu zeigen, welches Angstmuster dir gerade Schwierigkeiten macht. Wenn du dir Zeit und Ruhe gönnst, wirst du es herausfinden und auflösen können. Wandle deine Angstprogramme in positive um. Dadurch wirst du immer mehr in den inneren Frieden hineinkommen. Niemand kann dir diesen Frieden nehmen, es sei denn, du erlaubst es.

Wenn dein Leben nicht so verläuft, wie du es gerne hättest, schau nach innen. Gib nicht anderen Menschen oder äußeren Umständen die Schuld, sondern spüre die Ursache in dir auf. Im Anfang mag es dir schwer erscheinen, aber mit ein wenig Übung wird es dir leichter fallen. Wenn du einmal erkannt und akzeptiert hast, daß alle Schwierigkeiten nur aus dir selbst kommen, bist du auch in der Lage, sie zu beseitigen. Bitte Gott, dir zu helfen. Glaube nie, daß du deinen Weg allein gehen mußt. Deine Geistführer gehen stets an deiner Seite, um dir mit Rat und Tat zur Seite zu stehen. Du mußt dich ihnen nur öffnen. Also, höre auf, vor dir selbst wegzulaufen.

Finde die Liebe in dir, und Wunder über Wunder werden in deinem Leben geschehen. Verliere dich nicht in sinnlosen Grübeleien, sondern beginne zu handeln. Halte deinen Blick auf das Licht in dir gerichtet. Schwinge im Gleichklang mit deinem Hohen Selbst und dem ganzen Kosmos. Erweitere dein Bewußtsein mehr und mehr. So wird sich dein ganzes Leben verändern.

Wenn du am Abend den Tag an dir vorbeiziehen läßt, wirst du oft feststellen, daß du einen Schritt auf deinem Entwicklungsweg weitergekommen bist, manchmal einen großen, oftmals nur einen kleinen. Lobe dich für deinen Fortschritt und verurteile dich nicht, wenn du keinen erkennen kannst. Frage dich, wo du dir unnötige Sorgen gemacht hast. Sich Sorgen zu machen ist ein antrainiertes Verhalten und kann wieder abgelegt werden. Die Dinge, um die du dir Sorgen machst, veränderst du mit deinen Sorgen nicht, dir aber schadest du damit.

Wichtig ist, daß du alles, was du tust, mit ganzem Herzen vollbringst. Nur wenn du alles mit Liebe und Freude tust, werden dich die Ergebnisse befriedigen. Lasse dich nicht von deinen Ängsten aufhalten. Die Furcht ist das größte Hindernis auf deinem spirituellen Weg. Sie macht dich krank. Nur die Liebe kann sie verwandeln. Fürchte dich nicht vor neuen und unbekannten Wegen, sondern sieh ihnen voller Spannung und Zuversicht entgegen. Wisse, daß alles seine Zeit braucht. Alle Dinge brauchen ihre Zeit zum Wachsen und Gedeihen. Wisse, daß Gott auch in der dunkelsten Stunde der Nacht bei dir ist, um dich zu führen, zu halten und zu tragen. Hab´ Vertrauen!

Spuren im Sand

Ich träumte eines Nachts, ich ging am Meer entlang mit meinem Herrn.

Und es entstand vor meinen Augen, Streiflichtern gleich, mein Leben.

Für jeden Abschnitt, wie mir schien, entdeckte ich je zwei Paar Spuren im Sand; die einen gehörten mir, die anderen meinem Herrn.

Als dann das letzte Bild an mir vorbeigeglitten war, da sah ich zurück und stellte fest, daß viele Male nur ein Paar Spuren im Sand zu sehen waren.

Diese zeichneten die Phasen meines Lebens, die mir am schwersten geworden waren.

Das machte mich verwirrt, und fragend wandte ich mich an den Herrn: „Als ich dir damals alles, was ich hatte, übergab, um dir zu folgen, da sagtest du, du würdest immer bei mir sein.

Doch in den tiefsten Nöten meines Lebens sehe ich nur ein Paar Spuren hier im Sand. Warum verließest du mich denn gerade dann, als ich dich so verzweifelt brauchte?"

Der Herr nahm meine Hand und sagte: „Nie ließ ich dich allein, schon gar nicht in den Zeiten, da du littest und angefochten warst.

Wo du nur ein Paar Spuren hier im Sand erkennst, da trug ich dich auf meinen Schultern."

Aus Taizeh

Dies ist für mich eine der schönsten Geschichten und verdeutlicht die unendliche Geborgenheit, die wir bei Gott finden. Zeigt sie doch auf, wie sehr wir immer beschützt und geliebt werden.

Achte auf deine Gedanken, sie tragen eine große Kraft in sich. Jeder Gedanke verbreitet sich wie eine Welle in die Weiten des Universums. Jeder Gedanke und jedes gesprochene Wort kehrt zu dir zurück. Du bist, was du denkst. Die Außenwelt ist immer eine Spiegelung deiner Gedanken. Dein Leben ist von dir geschaffen, und die Außenwelt spiegelt die Struktur deiner Seele wider. Dein Leben ist wie ein spannendes Theaterstück, in dem du selbst die Hauptrolle spielst und die Nebenrollen ständig neu besetzt. Manchmal inszenierst du ein Drama und zu anderen Zeiten eine Komödie. Vertraue darauf, daß du in Zukunft, mit Hilfe deines Hohen Selbst, ein Stück inszenierst, in dem die Liebe die Hauptrolle spielt.

Alles entsteht im Gedanken, und darum können wir auch nur auf der gedanklichen Ebene eine Veränderung vornehmen. Jeder Gedanke kostet oder gibt uns Energie. Wie viele Menschen verschleudern ihre Energien, indem sie sich in sinnlosen und furchterregenden Gedanken verlieren und wundern sich dann, daß sie nicht weiterkommen und sich ständig im Kreis drehen. Viel sinnvoller ist es, seine Gedanken zielgerichtet einzusetzen, um das zu erreichen, was wir wirklich haben möchten, anstatt nur auf die Handlungen anderer Menschen zu reagieren.

Denke einmal darüber nach, daß du mit deinen heutigen Gedanken deine Zukunft erschaffst. Beobachte deine Gedanken und finde heraus, wo du mit ihnen im negativen Bereich bist. Jede Veränderung findet in deinemDenken statt. Alle Begrenzungen, die du dir selbst geschaffen hast, sind Produkte deiner Denkweise. All deine Gedanken werden von deinem Unterbewußtsein aufgenommen und dort gespeichert. Mit ständigem negativen Gedanken erschaffst du deine eigenen Hölle; mit positiven und aufbauenden einen strahlenden Himmel. Du allein entscheidest, was du denken willst. Werde dir deiner Gedankenmuster bewußt. Wenn du dein Leben verändern möchtest, ändere deine Gedanken.

Noman Vincent Peale hat gesagt:

„Das negative Denken ist das verantwortliche Übel für den Verschleiß deiner seelischen Energien."

Wieviele Energien werden hier sinnlos verschleudert. Alle Probleme im Leben der Menschen haben ihren Ursprung im negativen Denken. Probleme sind Botschaften deiner Seele. Sie möchte dich auf etwas aufmerksam machen, was es in dir zu erlösen gilt. Bitte darum, das Muster erkennen zu können und vertraue darauf, daß dir die Erkenntnis zuteil wird.

Da alles ein Produkt deiner Gedanken ist, hast du hier eine unbegrenzte Möglichkeit der Veränderung.

„Suche in allem stets das Gute zu erkennen, aus allem das Beste zu machen. Und wende nie den Blick zurück! Wer von allem und jedem nur Gu-

tes erwartet und stets nach dem Besten trachtet und ausschaut, wird aus allem das Bestmögliche gewinnen. Wer liebt, was ihm begegnet, dem wird bald nur noch begegnen, was er liebt."
K.O. Schmidt

Erkenne, daß in dir ein riesiges Potential liegt, das es zu erforschen gilt. Finde die Liebe in dir, und du wirst erkennen, daß das Universum voller Liebe ist. Wenn du all die Liebe sehen könntest, die dich aus dem geistigen Reich umgibt, wärest du sehr erstaunt und würdest dich nicht mehr einsam fühlen.

Denke daran, du bist deines Glückes Schmied, und du entscheidest in jeder Sekunde, ob du voller Liebe oder voller Angst sein möchtest. Die Angst ist nur eine Illusion, denn sie wurde nicht von Gott gemacht. Die Liebe wurde dir von Gott gegeben und ist dein natürliches Erbe und deine einzige Realität. Die Liebe, die in dir ist, wird dich begleiten, wohin du auch gehst. Deine ganze Schönheit und die Magie in dir können auf Dauer nicht verborgen bleiben, sie wollen sich anderen mitteilen. Öffne dein Herz und laß die Liebe fließen, zu deinen Brüdern und Schwestern, zu allen Tieren, Pflanzen und zum ganzen Universum. Sei gewiß, wenn du dein Bestes gibst, wird Gott den Rest tun.

Gottes Geist, der die reine Liebe ist, möchte sich durch dich manifestieren. Ja, durch dich! Er wartet geduldig, bis du ihm diesen Ausdruck gestattest. Er wird nie in deinen freien Willen eingreifen. Dieser freie Wille ist dein größtes Gottesgeschenk. Nutze ihn. Du verkörperst den freien

Willen und bist kein Roboter, auch wenn du dich vielleicht bisher so verhalten hast. Möglicherweise warst du jahrelang damit beschäftigt, die Bedürfnisse anderer Menschen zu befriedigen, ohne auf deine Wünsche zu achten, hast also in einem Helfersyndrom gelebt. Dadurch wurdest du unzufrieden und fühltest dich von anderen Menschen ausgenutzt. Du konntest nicht verstehen, daß die anderen Menschen dir nicht unendlich dankbar waren und dich für deine Hilfe liebten. Dann hast du vielleicht die Schuld für deine Einsamkeit und dein Unverstandensein bei anderen Menschen gesucht und hast mit Schuldzuweisungen begonnen. Mag sein, daß du dabei den Bezug zu deinen Bedürfnissen und Gefühlen verloren hast. Wenn scheinbar negative Situationen in dein Leben treten, verfalle nicht in Selbstmitleid, sondern frage dich, welchen Lernprozeß dir das Universum hier bietet. Nimm den Lernprozeß an. So beschleunigst du deine Entwicklung.

Bitte dein Hohes Selbst, dir zu offenbaren, was es dir zeigen möchte. Über den Intellekt kannst du die Erkenntnis nicht gewinnen. Mag sein, daß es dir anfangs schwer fällt. Wenn du deine Gefühle über Jahre ins Unbewußte abgedrängt hast, bedarf es einer gewissen Zeit, sie wieder an die Oberfläche zu holen, um sie bewußt zu machen. Sei ehrlich zu dir selbst. Das Unbehagen, das bei deiner Selbstfindung entstehen kann, wird vergehen und einer vielleicht nie gekannten Lebendigkeit Platz machen.

Jetzt ist die Zeit gekommen, dich auf den Weg zu deinem Selbstfindungsprozeß zu machen. Achte auf deine Gefühle, sie sind unendlich wichtig für dich. Lasse die alten, eingefahrenen Gleise hinter dir. Stelle neue Weichen für dein Leben. Setze das Gelernte direkt in die Praxis um! Gleich heute.

Die meisten Menschen versuchen ihre Lernprozesse ausschließlich auf der intellektuellen Ebene abzuhandeln. Der Verstand gehört zum Egosystem und ist nicht an spirituellen Lernprozessen interessiert. Deine Veränderung muß aus deinem Herzen kommen, von dem tiefen Wunsch beseelt, ein neues Leben zu beginnen. Eine Heilung des Bewußtseins ohne die Heilung der Gefühle ist nicht möglich.

Viele Menschen haben Angst, ihre Gefühle und Emotionen zu leben. Vielleicht haben unsere Eltern uns einmal für einen Gefühlsausbruch bestraft. Vielleicht haben wir deshalb das Muster entwickelt, daß es gefährlich ist, Gefühle und Emotionen zum Ausdruck zu bringen. Wir fürchten den Verlust der Kontrolle, weil wir unbewußt Angst vor Bestrafung haben. Auf Grund dieser Erfahrungen entwickeln wir ein Verhalten, nach außen so zu tun, als sei alles in Ordnung. Wir weichen unseren Ängsten aus und gehen Konflikten aus dem Weg. Aber auf Dauer ist das keine Lösung. Ungelöste Situationen erzeugen einen enormen Leidensdruck. Unsere Seele drängt uns zur Klärung und Heilung.

Um wirklich tiefe Freude zu empfinden, müssen wir auch in der Lage sein, unsere Traurigkeit zu fühlen. Unterdrücken wir auf Dauer diese Gefühle, kann es zu Depressionen kommen.

Manche Menschen schwimmen in einem Meer der Emotionen, sie lassen sich von ihnen überrollen und können das innere Gleichgewicht nicht finden. Ein so labiles inneres Gleichgewicht macht ihnen schwer zu schaffen. Beide Extreme bedürfen der Heilung. Die Heilung kann im allgemeinen nicht über Nacht geschehen, sie braucht Zeit. Habe Geduld mit dir und deinen Wachstumsprozessen.

Auch das ständige „Keep smiling" und das Verstecken hinter der Maske der Gleichgültigkeit bringt uns nicht weiter. Wie viele Menschen spielen ständig den Clown. Sie haben Angst, zu ihren Gefühlen zu stehen.

Andere Menschen haben das stark ausgeprägte Bedürfnis, es allen recht zu machen. Dabei verlieren sie leicht den Bezug zu sich selbst. Sie sind übertrieben harmoniebedürftig. Dieser Weg führt unweigerlich zu inneren und äußeren Konflikten. Sie müssen lernen, zu ihrer eigenen Wahrheit zu stehen und zur Quelle ihres Seins vorzudringen. Nur so wird der innere Kampf beendet, die Abhängigkeitsstruktur aufgegeben, das eigene Selbstbewußtsein aufgebaut. Das kann oft nur in kleinen Schritten geschehen. Hier ist Geduld angesagt. Es ist nicht sinnvoll, vor der belastenden Situation zu fliehen, sondern sie will bewußt durchlebt werden. Sonst wird der Leidensdruck immer größer und die Lernprozesse werden härter.

Bitte dein Hohes Selbst um Hilfe und Führung. Es ist immer für dich da und weiß, was das Beste für dich ist. Wenn du deine Bereitschaft kundtust, wirst du sehr schnell merken, welch wunderbare Führungen in dein Leben treten. Sei offen dafür. Sei bereit, dich der Führung deines Hohen Selbst anzuvertrauen. Mache dir immer wieder bewußt, daß du der Schöpfer deines Lebens bist. Sei offen für die Wunder, die in deinem Leben geschehen werden. Laß die Welt zu einem positiven Spiegel für deine Seele werden. Erkenne alle deine Stärken und Talente an.

Wir alle leben in einer wunderbaren Zeit, in der es möglich wird, altes Denken abzulegen und uns neuen Dimensionen zu öffnen. Große Veränderungen in der Gesinnung der Menschen werden sich vollziehen. Wir werden die Sichtweise der Materie, die auf Angst gegründet war, mehr und mehr hinter uns lassen und die geistige Schau, die auf der Liebe basiert, wird sich Bahn brechen.

Natürlich hat es zu allen Zeiten des Wandels Turbulenzen gegeben. Das sind Reinigungsprozesse, die notwendig sind. Sträube dich nicht dagegen, sondern schwimme mit dem Fluß des Lebens. Gehe in die Stille und meditiere über die Ursache der Turbulenzen in dir. Wo kommen sie her? Womit hast du sie ausgelöst? Was möchte losgelassen werden? Wenn du um Führung bittest, wirst du den Grund erkennen, oder du wirst einem Menschen begegnen, der dir zur Erkenntnis verhilft. Es kann auch sein, daß du ein Buch geschenkt bekommst, das dich zu mehr Klarheit führen wird. Vielleicht mußt du in deine frühe Kindheit zurückgehen, um ein altes Muster aufzuspüren, das dir immer wieder Schwierigkeiten macht.

Oft ist es auch notwendig, in eine Rückführung hineinzugehen, um den Emotionalkörper zu klären, der Erfahrungen aus anderen Leben gespeichert hat und dir in diesem Leben immer wieder ähnliche Erlebnisse präsentiert und dich mit schmerzlichen Erfahrungen konfrontiert.

Möglicherweise kann dir Rebirthing oder Psychokinesiologie weiterhelfen.

In der heutigen Zeit bekommen wir Menschen so viele Hilfen wie nie zuvor in der Geschichte der Menschheit. Wir leben in einer neuen Zeit, und diese erfordert ein anderes Verständnis. Immer neue Erkenntnisse werden uns von den geistigen Ebenen übermittelt werden.

Unsere älteren Schwestern und Brüder aus der geistigen Welt sind stets bemüht, uns bei der Transformation zu helfen. Sie umgeben uns mit Liebe, schicken uns ihre Kraft und möchten ihre Weisheit mit uns teilen. Wir werden Stufe um Stufe auf unserer Entwicklungsleiter höhersteigen. Alles verwandelt und verfeinert sich. Der göttliche Geist wird mehr und mehr die Führung in unserem Leben übernehmen. Der heilige Geist durchdringt alles Sein und erschafft alle Dinge. Der Intellekt wird zum Werkzeug des Geistes werden. Unser ganzes Gefühl muß vom göttlichen Geist durchdrungen sein.

Es gibt keine Zufälle im Kosmos. Menschen, die in dein Leben treten, um dir auf deinem spirituellen Weg weiterzuhelfen, begegnen dir nicht zufällig. Um alles, was dir zu widerfahren scheint, hast du gebetet, meistens natürlich unbewußt. Wenn du als Schüler bereit bist, bestimmte Erfahrungen zu machen, wird auch der Lehrer zu dir kommen, der dir auf deiner Lebensreise den Weg weist. Gehen mußt du ihn dann allein. Wenn du den Sinn deines Lebens erkennst und die Verantwortung für dein Leben übernimmst, wirst du nach und nach zu deinem inneren Wissen gelangen. Alles Wissen des Kosmos liegt in dir. Wenn du bereit bist, bekommst du Zugang zu diesem Wissen.

Viele Helfer aus der geistigen Welt stehen bereit, um dich zu schulen, wie sie auch mich geführt haben und immer noch lehren. Sei bereit, alte Denkweisen loszulassen und dich zu öffnen für eine neue kosmische Sichtweise. Wenn du das dringende Bedürfnis hast, dich zu verändern, wirst du alle Hilfe bekommen, die du brauchst. Du kannst es! Beginne gleich heute damit.

Wenn du unzufrieden bist, beginne dein Leben neu auszurichten. Werde dir darüber klar, was du verändern möchtest. Laß alles los, was dich in deinem bisherigen Leben eingeschränkt hat. Erkenne die Chance, die in der Veränderung liegt. Wage den Sprung nach vorn, in neue Bewußtseinsebenen. Möglicherweise sind deine ersten Schritte in die neue Richtung etwas zögerlich, aber mit jedem Schritt wirst du sicherer werden. Du wirst lernen, deiner intuitiven Wahrnehmung zu vertrauen. Ich bin überzeugt, du hast eine gute Intuition, aber wie oft hörst du nicht auf sie, sondern auf den Verstand? Höre auf deine innere Stimme.

Lasse dich ein auf die liebevollen Gelegenheiten, die sich dir ganz von selbst auf deiner spirituellen Reise bieten. Sei im Einklang mit dem Bewußtsein des kosmischen Zeitalters. Dein innerer, spiritueller Mensch möchte jetzt erwachen.

Öffne deine Arme und lasse dich vom Leben beschenken. Sei bereit für einen Neuanfang, der dein ganzes Leben bereichern wird. Nimm dir stets Zeit zur Einkehr und Besinnung auf das Wesentliche. Möglicherweise bist du in deinem Leben schon durch viele Höhen und Tiefen gegangen. Jetzt ist der Zeitpunkt gekommen, innezuhalten, dein Leben neu zu überdenken und die Weichen neu zu stellen. Lasse Schmerz, Kampf und Trauer hinter dir. Beginne dich selbst zu lieben und anzuerkennen. Nur dadurch kommst du zu deinem wahren Wesenskern, der Liebe. Nur in der tiefen Verbundenheit mit dir selbst findest du Erfüllung. In deiner Seele tief verborgen ist der Ort, wo die Seele ihrer Weisheit und Liebe begegnen kann.

Erlaube deinem Ego nicht länger, dich in den alten Verhaltensmustern der Angst festzuhalten. Entwickle Mut und Vertrauen, zu dir, in das Leben, in Gott. Wachse über deine Begrenzungen hinaus. Je mehr du dich annimmst und liebst, desto mehr wirst du dein Leben genießen. Je mehr wirst du deine eigene Kreativität entdecken. Du bist grenzenlos, begrenze dich nicht selbst. Laß dein Hohes Selbst die Regie in deinem Leben übernehmen. Es wird es allerdings erst dann tun, wenn du es darum bittest.

Hierzu müssen wir die alten, angstmotivierten Strategien des Egos loslassen, die uns ohnehin nur immer wieder in neue Krisensituationen bringen. Überbrücke die weite Kluft zwischen deinem Ego und dem Hohen Selbst. Dies ist bereits der erste Schritt auf deinem Transformationsprozeß. Zu Beginn wirst du ständig zwischen den beiden Ebenen deines Seins hin und herpendeln, der Ebene des Egos und der des Hohen Selbst. Je mehr du dich in der höheren Bewußtseinsebene aufhältst, desto leichter wird es dir fallen, die Verbindung mit dem Hohen Selbst aufrechtzuerhalten. Die Verbindung zum Hohen Selbst wird stärker, wenn du mehr und mehr deiner Intuition vertraust.

Deine Seele drängt dich zu diesen Erfahrungen. Sie möchte die Einheit mit Gott leben. Wenn es dir gelingt, bist du in tiefer Harmonie mit ihr. Gelingt es dir nicht, machen sich Angst und Unruhe in deinem Leben breit.

Möglicherweise hast du diesen Wandel in deinem Leben schon lange bewußt oder unbewußt herbeigesehnt. Jetzt kannst du den Weg der Transformation beschreiten. Wenn du deiner inneren Führung folgst, brauchst du dich nicht mehr durch dein Leben zu quälen. Überlege einmal, wie oft hast du gegen Windmühlenflügel gekämpft? Wie oft warst du des Kampfes müde und konntest doch nicht damit aufhören?

Was wichtig ist für dich, wird dir gegeben werden, was unwichtig ist, laß los. Das bedeutet jedoch nicht, in Trägheit und Lethargie zu verfallen. Ganz im Gegenteil. Sei offen für die Begegnungen, die dir geschickt werden. Die Verbundenheit mit deiner göttlichen Quelle ermöglicht es dir, wunderbare und erfüllende Beziehungen zu haben. Du besitzt alle Kraft und Fähigkeiten, dein Leben neu zu gestalten, so wie du es haben möchtest. Denke immer daran: Du hast die freie Wahl, was du leben möchtest. Dies ist ein kosmisches Gesetz. Genieße die Möglichkeiten, die du hast, und lebe sie zum Wohle aller.

Durch die feinstofflicheren Schwingungen, die uns vom Kosmos auf die Erde gesandt werden, ist es dringend notwendig, unsere Energiefrequenz anzuheben, um Raum zu schaffen für die tiefgreifenden Verwandlungsprozesse des

Wassermannzeitalters. Wir sind gedrängt, alte, überholte Muster loszulassen, um frei zu werden für eine neue Bewußtseinsebene.

Bedenke aber, daß alle Veränderung in dir beginnen muß. Nimm dir Zeit für die magische Reise zu dir. Suche alle Antworten in dir!

Hermann Hesse hat uns dieses wunderbare Gedicht hinterlassen:

Das ist Magie: Außen und Innen vertauschen, nicht aus Zwang, nicht leidend, sondern frei, wollend. Rufe Vergangenheit, rufe Zukunft herbei: beide sind in dir! Du bist heute der Sklave deines Innern gewesen. Lerne, der Herr sein. Das ist Magie!

Unser Leben auf der Erde besteht in der Dualität, aus Licht und Schatten. Es ist unsere Wahl, ob wir unser Augenmerk auf das Licht oder die dunkle Seite, den Schatten, gerichtet halten wollen.

Loslassen

„Wer sein Leben losläßt, der wird es gewinnen, wer es aber festhält, wird es verlieren."

Vor bereits zweitausend Jahren sagte Jesus diese Worte. Bevor du ein Leben voller Freude und Lebendigkeit erfahren möchtest, ist es notwendig, dich von alten Verhaltensmustern, die dich einschränken und blockieren und deine Lebendigkeit einsperren, zu lösen. Das kann auch bedeuten, daß du dich von Menschen verabschieden mußt, die dich hindern wollen, deinen spirituellen Weg zu gehen. Ganz sicher mußt du dich aus Abhängigkeiten befreien. Menschen in deinem Umfeld sind nicht dein Besitz, und du solltest auch keinem Menschen erlauben, von dir Besitz zu ergreifen.

Jede Form der Abhängigkeit ist ein Hindernis auf deiner spirituellen Reise zu den höheren Bewußtseinsebenen. Wir kennen zwei Formen der Abhängigkeit. Die erste ist die stofflich gebundene Abhängigkeit, die uns süchtig macht, nach Dingen wie Alkohol, Nikotin, Schokolade oder Medikamente. Auch die Arbeit kann zum Suchtmittel werden und uns in die Abhängigkeit hineinführen.

Die zweite Form der Abhängigkeit ist die sogenannte

Co-Abhängigkeit, das Abhängigsein von Menschen. So könnte man sagen, daß das Loslassen von Abhängigkeitsstrukturen einen Weg zur Freiheit bedeutet.

Menschen, die abhängig sind, leben immer ein Leben aus zweiter Hand, sie sind in ihrem Energiefluß gehemmt. Sie haben ihre Macht abgegeben. Damit die Energie wieder frei fließen kann, ist es notwendig, alles loszulassen, was den freien Energiefluß hemmt. Normalerweise reagieren wir auf Veränderungen zunächst einmal mit Angst.

Unser Ego beginnt den Kampf um seine Vorherrschaft. Wir kommen uns vor wie in einem luftleeren Raum oder scheinen im Geburtskanal steckengeblieben zu sein. Wir glauben, es ginge weder vorwärts noch zurück. Das ist eine schlimme Zeit im Leben eines Menschen. Sicher kennst auch du die „dunkle Nacht" der Seele. Es kommt eine unendliche Panik in uns auf. Nichts scheint mehr sinnvoll zu sein. Bitte Gott um Hilfe. Bitte darum, die Sonne wieder sehen zu dürfen. Aus der Leere entsteht die Fülle. Erst wenn du alles losgelassen hast, an das sich dein Ego mit Vehemenz geklammert hat, wirst du frei und durchlässig für die kosmischen Energien. Sei offen für das, was dir begegnet. Achte auf das Wesentliche.

Befreie dich von alten Konventionen. Mache dich unabhängig von dem, was andere Menschen oder Institutionen dir aufzwingen möchten. Was für deine Eltern und Großeltern richtig und maßgebend war, muß für die in der heutigen Zeit lebenden Menschen nicht mehr relevant sein. Höre auf, dich um die Meinung anderer Menschen zu sorgen. Wie oft hast du schon den Satz gesagt oder gehört:

„Tu das nicht, was sollen die Leute sagen." Wie viele Menschen richten sich nach der Meinung anderer Menschen.

Manche Menschen sind süchtig danach, anderen Fehler nachzuweisen und sie ins Unrecht zu setzen. Auch dies kann zu Abhängigkeit führen. Kritiksucht ist die Folge davon.

Es kann auch zu enormen Abhängigkeiten führen, wenn Menschen glauben, sie müßten stets die Bedürfnisse anderer Menschen befriedigen. Da sie dies nicht können, fangen sie manche Arbeit gar nicht erst an, aus Angst, daß sie den Erwartungen anderer nicht gerecht werden können. Sie sind gefangen in ihrem eigenen Käfig. Sie sagen häufig: „Ich kann nicht, weil..." Sie finden vielerlei Begründungen, warum sie erst gar nicht angefangen haben. Oder sie reden sich auf ihre Kindheitserlebnisse heraus. Das ist ein beliebter Trick des Egos, uns von Veränderungen abzuhalten. Es macht uns Angst. Für manche Menschen sind Veränderungen geradezu lebensbedrohlich, und sie geraten in unendliche Panik.

Wir müssen uns aber darüber im klaren sein, daß wir hier auf der Welt sind, um uns zu entwickeln und die alten, begrenzenden Muster hinter uns zu lassen.

Lebe deine eigene Wahrheit. Gehe den Weg, der dir richtig erscheint. Deiner Ausdrucksfähigkeit sind keine Grenzen gesetzt. Verurteile dich nicht. Übernimm die Verantwortung für dein Leben. Erschaffe es so, wie du es haben möchtest. Du bist der Schöpfer deiner eigenen Realität. Wenn du dein Bewußtsein heilst, verändern sich auch deine Erfahrungen im Äußeren. Wenn du die Verantwortung für dein Leben übernimmst, entwickelst du eine große innere Stärke. Dein Schwingungsfeld verändert sich, wird leuchtender und strahlender. Beobachte bewußt deinen Vewandlungsprozeß. Sei dankbar für jeden Fortschritt, mag er dir auch noch so klein erscheinen.

Du bist ein freies, göttliches Wesen, das von Gott als freies Geschöpf erschaffen wurde. Trennst du dich vom kosmischen Energiefluß ab, kommt es zu Stauungen und Schmerzen.

Je mehr du dich aus deinen Abhängigkeiten befreien kannst, desto glücklicher und harmonischer wirst du leben. Laß alle Konditionierungen hinter dir, die du in deiner Kindheit übernommen hast. Das bedeutet natürlich, daß du die Verantwortung für dein Leben übernehmen mußt. Haben deine Eltern deine Verantwortungsbereitschaft gefördert? Oder haben sie dich zu übertriebenem Ehrgeiz getrieben? Wie sehen deine heutigen Muster aus? Bist du übertrieben ehrgeizig und machst deinen Wert an deiner Leistung fest? Wenn du ständig deine Leistungsgrenze überschreitest, bringst du dich in unnötigen Streß, der deiner Gesundheit schadet. Ein ständiges Überfordern schadet deinen Nerven. Du bist der Verwalter deiner Energien. Lerne, sie weise zu gebrauchen. Du brauchst deinen Wert nicht zu beweisen. Er ist immer gleich göttlich und völlig unabhängig von deiner Leistung.

Für das Ego ist dieses Gedankengut eine Bedrohung. Da es ständig Angst hat, nicht genug zu bekommen, wird es dich zum Festhalten drängen und dich in Kontrolldramen gefangen halten. Es hat Angst, nicht genug Liebe, Anerkennung, Geld zu bekommen. Diese Liste ließe sich unendlich weiter fortführen. Manche deiner Programme hast du in früher Kindheit bereits von deinen Eltern oder Bezugspersonen übernommen. Verurteile niemanden, sondern sieh alles als Chance, die dir von deiner Seele geboten wird, um daran zu wachsen. Jedes Ereignis, das dir begegnet, will dich auf etwas aufmerksam machen, das zu deinem Wachstum führt. Lerne, alle Ereignisse in deinem Leben freudig zu begrüßen.

Viele Eltern haben auch Angst, ihre Kinder loszulassen und halten dann so daran fest, daß die Kinder sich erstickt fühlen und erst recht ausbrechen. Kinder loszulassen bedeutet ja auch, ihnen zu vertrauen und sie zu ermutigen, die Verantwortung für ihr Leben zu übernehmen. Loslassen bedeutet ja nicht, daß du deine Kinder nicht mehr lieben sollst. Du entläßt sie nur in ihre eigene Verantwortung. eliminiere alle Abhängigkeitsstrukturen aus deinem Leben.

Auf diese Weise wirst du frei von Besitzdenken. Ohne Loslassen gibt es keine Freiheit. Wir alle sind mehr oder weniger auf äußere Abhängigkeiten fixiert. Wir machen unseren Wert an äußeren Besitztümern fest. Für viele Menschen ist äußerer Besitz ein Statussymbol, das sie in der Gesellschaft scheinbar wertvoll macht. Und so wird das Besitzstreben immer größer, weil die Angst, den eigenen Wert zu verlieren, ständig steigt. Und so werden wir zum Sklaven unserer Besitztümer und setzen dabei auch noch unsere Gesundheit aufs Spiel.

Die Abhängigkeit von anderen Menschen ist ein weitverbreitetes Übel, das viel Leid verursacht und uns in der Unfreiheit gefangen hält. Mit diesen Gefühlen geben wir unsere Macht an andere Menschen ab und fühlen uns ohnmächtig vor Angst, daß die Menschen, von denen wir abhängig sind, uns verlassen könnten. Wir versuchen alles zu tun, von dem wir glauben, daß es den anderen Menschen veranlassen könnte, uns für immer zu lieben. Dadurch werden wir unfrei und verlieren unsere Identität.

Alles, was wirklich zu uns gehört, können wir nicht verlieren. Was aber nicht mehr zu uns gehört, wird sich früher oder später sowieso von uns entfernen.

Viele Menschen glauben, daß sie sich nur an der Stärke eines anderen Menschen aufrichten können. Sie hängen sich an den Rockzipfel des anderen in der Meinung, daß sie dadurch stark werden. Das Gegenteil ist jedoch der Fall. Auf diese Weise werden sie die Stärke in sich nie erlangen können und bleiben in Abhängigkeitsstrukturen verhaftet. Sie klammern sich an ihren vermeintlichen „Retter", unterwerfen sich ihm geradezu und ersticken diesen mit ihrer „Liebe", die in Wahrheit ein tiefsitzendes Angstmuster ist: das Muster, nicht gut genug, nicht stark genug zu sein.

Die meisten dieser angstbesetzten Muster sind bereits in unserer frühen Kindheit entstanden und unbewußt. Unsere Entwicklungsarbeit verlangt aber, die Muster zu erkennen, um sie dann loslassen zu können. Es nützt nichts, die eigenen Bedürfnisse auf andere Menschen zu projizieren und von ihnen zu erwarten, daß sie unsere Probleme lösen und uns glücklich machen. Wir müssen die Verhaltensmuster in uns klären, um sie zu heilen. Tun wir dies nicht, werden wir immer wieder in die gleichen „Dramen" verwickelt. Es bringt uns in keiner Weise weiter, wenn wir immer wieder anderen Menschen oder den äußeren Umständen die Schuld für unser vermeintliches Unglück zuschieben.

Ängste binden uns. Wir alle sind mehr oder weniger in den gleichen Ängsten gefangen. Werde dir über deine Ängste klar. Im Folgenden werde ich die häufigsten Ängste auflisten. Möglicherweise kannst du diese Liste für dich noch erweitern.

- Angst, nicht geliebt zu werden.
- Angst, nicht anerkannt zu werden.
- Angst vor dem Tod.
- Angst vor dem Alter.
- Angst, zu versagen.
- Angst vor Zurückweisung.
- Angst, nicht würdig zu sein.
- Angst vor Machtlosigkeit.
- Angst, schuldig zu sein.
- Angst, nicht gut genug zu sein.
- Angst, nie etwas richtig zu machen.
- Angst, kontrolliert und vereinnamt zu werden.
- Angst vor Veränderungen.
- Angst, nicht genug Energie zu haben.

Mit welchen dieser Ängste kannst du dich identifizieren, wenn du ganz ehrlich mit dir bist? Schreibe deine Ängste auf und verwandle sie in ein Positivum. Je bewußter du dir deine Ängste machst, desto weniger Macht haben sie über dich, desto eher kannst du dich von ihnen befreien.

Erkenne dich an, trotz deiner Ängste und Schwächen. Du bist Gottes geliebtes Kind und so, wie du bist, in Ordnung. Höre auf, dich wegen deiner Schwächen zu verurteilen. Indem du gegen sie ankämpfst, wirst du sie nicht los. Durch den Kampf verstärkst du sie nur. Sie sind ein Teil von dir und wichtig für deine Entwicklung.

Manche Menschen verstecken ihre Ängste hinter Dominanz und Kontrollverhalten. Oder sie versuchen, andere Menschen mit ihrem Verhalten einzuschüchtern. Auch das sind Formen der Angst, die auf Mangelgefühle hindeuten. Solange wir nicht erkennen, daß es sich bei jeder Art von Abhängigkeit um Defizite in uns handelt, können wir uns nicht davon befreien.

Diese Defizite sind allerdings nur Illusionen, weil sie sich auf der Ebene des Egos ansiedeln. Unser wirkliches Problem ist, daß wir glauben, von Gott getrennt zu sein und uns von der Liebe in uns abgespalten haben. Alle unsere Probleme, unsere Ängste können geheilt werden, wenn wir sie mit Liebe füllen. Verbinde dich immer wieder mit deinem Hohen Selbst und erfahre, wie sicher und geborgen du dort bist.

Wir alle lernen durch Erfahrungen. Wenn du immer wieder die Erfahrung der Sicherheit und der Fülle machst, wird es eines Tages zur Gewißheit, daß dir nichts geschehen kann. Du bist immer in Gott, mache ihn zu deinem Verbündeten. In ihm hast du keinen Mangel, nur grenzenlose Liebe, Freude und Fülle. Vertraue den Gesetzmäßigkeiten des Universums. Lerne, dem Kosmos zu vertrauen. Alles ist in vollkommener Ordnung.

Gott weiß um deine Vollkommenheit, und er liebt dich, weil du sein Kind bist - so wie du gerade bist, nicht wie du glaubst sein oder werden zu müssen. Wenn du das wirklich verinnerlichst, kannst du alle Mangelgefühle leichter überwinden. Als Jesus sagte:

„Trachtet zuerst nach dem Reich Gottes, alles andere wird euch gegeben",

meinte er, wenn wir glauben, daß Gott in uns ist, sind wir vollkommen.

Wenn wir die Angst loslassen, können wir auch die anderen Menschen in Liebe annehmen oder loslassen. Alle unsere Beziehungen verlaufen ohne Angst und Abhängigkeitsstrukturen glücklicher und liebevoller.

Wir müssen lernen, uns selbst und dem Leben zu vertrauen. Der Kosmos versorgt uns mit allem, was wir brauchen. Wir müssen uns nur dem Fluß des Lebens anvertrauen. Meistens blockieren wir ihn durch unsere Ängste. Sie katapultieren uns in immer neue Dramen hinein. Wir können sie erst dann loslassen, wenn wir bereit zur Veränderung sind und eine neue Wahl treffen, die Wahl der Liebe und Sicherheit.

Vor allem müssen wir lernen, uns selbst zu vertrauen. Durch unser neu gewonnenes Selbstvertrauen können wir dem anderen die Freiheit geben und selbst frei werden.

Es erfordert Mut, sich aus den alten Konditionierungen zu befreien. Vieles wirst du hinter dir lassen müssen, auch einige zwischenmenschliche Kontakte.

Manche Menschen, die dir auf deinem neuen Weg nicht folgen können, sind nicht mehr länger Mitreisende auf deiner spirituellen Reise. Sei ihnen nicht böse, sondern segne sie und laß sie gehen und ihren eigenen Weg fortsetzen. Du wirst deiner spirituellen Familie begegnen, wenn du dazu bereit bist. Es mag vielleicht so aussehen, als wäre dies ein zu hoher Preis für deine Entwicklung, aber das Verharren in Abhängigkeiten ist viel schlimmer.

Um wahrhaft frei zu werden, ist es notwendig, die Vergangenheit hinter sich zu lassen. Nur in der Gegenwart können wir wirklich leben. Sie ist der einzige Augenblick, der zählt. Die Vergangenheit ist vorbei und kann nicht mehr gelebt werden. Sie kann nur die Lebendigkeit des gegenwärtigen Augenblicks versperren, wenn wir so daran festhalten, daß wir den großartigen Augenblick des Jetzt verpassen.

Ralph Waldo Emerson hat so treffend gesagt:

„Sei kein Sklave deiner eigenen Vergangenheit - spring in die gewaltigsten Meere, tauche tief hinab und schwimme weit hinaus, damit du mit Selbstachtung, mit einer neuen Kraft, mit mehr Erfahrung zurückkommen mögest, die das Alte begreift und überblickt."

Blockiere deine Entwicklung nicht länger und löse dich von allen übernommenen und erworbenen Abhängigkeitsstrukturen. Lasse alle Regeln hinter dir, die du von deinen Eltern übernommen hast, die nicht mehr in dein Leben hineinpassen. Wie oft hast du schon gesagt: „Meine Mutter machte das aber immer so", „mein Vater hat gesagt." Prüfe, ob diese Verhaltensregeln für dich noch gültig sind.

Befreie dich auch von alten, längst überholten Dogmen der Kirchen. Auch dadurch sind über Jahrhunderte hinweg Abhängigkeiten entstanden, die den Menschen viel Leid und Schmerz gebracht haben. Die Dogmen wurden von Menschen aufgestellt und sind mehr angstbesetzt als von Liebe durchdrungen.

Beobachte einmal genau, von welchen Dingen du abhängig bist, vielleicht von bestimmten Süchten, wie Alkohol, übermäßigem Essen, Tabletten, Süßigkeiten oder anderem mehr.

Wie steht es mit deinem Verhältnis zum Geld? Auch hier können große Abhängigkeiten entstehen. Mache dich davon frei. Es erfordert Arbeit an dir selbst. Bitte Gott um Hilfe, dich von der Sucht zu befreien.

Eine häufige Abhängigkeit ist die vom Fernsehen. Hier werden uns ständig die Meinungen anderer Menschen oder Institutionen auferlegt. Sie gelangen in unser Unterbewußtsein und wirken von dort aus machtvoll. Über das Fernsehen findet eine ständige Manipulation statt. Es ist ein Medium, um die Menschen in Angst und Schrecken zu versetzen. Manchen Menschen sind geradezu süchtig danach.

Sie glauben, es mache ihnen nichts aus, täglich mit Gewalt und Angst konfrontiert zu werden. Welch ein Irrtum!

Auch der so weit verbreitete Perfektionismus ist eine Abhängigkeit.

Viele Menschen sind von ihrem Körper abhängig. Sie verwenden viel Zeit und Geld für ihre Schönheit. Wenn man einmal betrachtet, wieviel Geld weltweit für Kosmetik und zur Verschönerung des Körpers ausgegeben wird und wie verschwindend wenig dagegen für das Wohlbefinden der Seele, so steht dies in keinem guten Verhältnis. Hier wird die Abhängigkeit vom Körper deutlich sichtbar. Wir sind aber nicht der Körper, sondern bewohnen ihn mit unserem göttlichen Geist für eine gewisse Zeit. Er ist der Tempel des Geistes. Natürlich ist es wichtig, pfleglich und bewußt mit seinem Körper umzugehen. Aber tun wir Menschen dies? Achten wir auf unsere Ernährung? Oder überfüttern wir den Körper ständig mit »Junk Food«? Geben wir unseren Zellen wirkliche Liebe und Anerkennung für die wunderbare Arbeit, die sie leisten?

Wenn wir auf unserem spirituellen Pfad weiterkommen wollen, ist es unbedingt notwendig, uns aus unseren Abhängigkeitsstrukturen zu lösen. Wir können nicht mit dem wunderbaren Strom des Kosmos fließen, wenn wir mit Ketten an unsere Vergangenheit gefesselt sind.

Um wirklich loslassen zu können, ist es notwendig, Vertrauen in den Kosmos und in deine göttliche Führung zu haben oder zu entwickeln. Viele Menschen haben Angst, alles zu verlieren, wenn sie ihre Verhaftungen aufgeben. Das Gegenteil ist der Fall. Loslassen und Gott vertrauen bedeutet immer einen riesigen Gewinn. Das Loslassen ist ein innerer Prozeß, der uns in die Freiheit führt. Menschen loszulassen, bedeutet ja nicht, daß wir sie nicht mehr lieben, sondern wir können sie in Liebe ihren eigenen Weg gehen lassen und sind bereit, sie ihre eigenen Entwicklungsprozesse machen zu lassen. Wir bestehen dann nicht mehr darauf, daß sie uns mit allem, was sie tun, zufriedenstellen müssen.

Nichts geht verloren, alles ist in stetigem Wandel begriffen. Nur wenn wir uns gegen Veränderungen stemmen, erzeugen wir Blockaden, die zu Stauungen und Schmerz führen.

Manchmal ist es notwendig, das vertraute Terrain zu verlassen und sich bereit zu machen für etwas Neues im Leben. Das ist für manche Menschen sehr bedrohlich, weil das Ego uns immer wieder einzuimpfen versucht, daß Veränderungen Gefahr bedeuten. Das Hohe Selbst weiß, daß wir ohne Wandel auf unserer Entwicklungsreise nicht weiterkommen. Alles im Kosmos unterliegt einem stetigen Wandel.

Aber es ist notwendig, aus unseren emotional geladenen Mustern herauszukommen, die uns Schmerzen verursachen, hinein in den Frieden und die Freiheit. Es ist unsere Wahl, ob wir uns verändern und weiterentwickeln möchten oder nicht. Machen wir Gebrauch von unserer Wahlfreiheit. Niemand verurteilt uns, wenn wir es ablehnen, uns weiterzuentwickeln. Aber dann brauchen wir uns nicht zu wundern, wenn neues Leid die Folge ist und wir in der Stagnation verharren.

Entscheide dich ganz bewußt für deine Heilung und bitte Gott, dir dabei zur Seite zu stehen und zu helfen. Bitte ihn darum, daß du dich mit deinem Hohen Selbst identifizieren kannst statt mit deinem Ego. Wenn du in Gott dein Denken und Fühlen verankert hast, wirst du Liebe und Frieden erfahren. Nach diesem Zustand sehnt sich deine Seele, ja sie drängt dich geradezu dorthin. Es ist das Bestreben deiner Seele, sich selbst zu verwirklichen. Sie möchte ihre Göttlichkeit zum Ausdruck bringen und wieder schöpferisch wirken. Sie möchte zu dem Wissen zurückkehren, daß sie göttlich ist und Gott gestatten, sich durch dich zu manifestieren. Sie möchte ihre Vollkommenheit zum Ausdruck bringen.

Jetzt ist es Zeit für dich, aufzuwachen und dein Leben zu leben. Nimm dir Zeit und überlege sorgfältig, was du loslassen möchtest. Es ist dein göttlicher Geist, der dein Leben verändern kann, niemand sonst ist dafür verantwortlich. So nutze die Chance und beginne gleich jetzt damit. Sage nicht: „Ja, aber..." und „ich kann nicht, weil..."

Akzeptiere, wenn alte Verhaltensmuster hochkommen. Verdränge sie nicht und kehre sie nicht unter den Teppich. Sie kommen nur aus einem einzigen Grund ans Tageslicht: Sie wollen von dir erlöst werden. Verurteile dich auch nicht dafür. Diese Anteile sind wichtig und notwendig für deine Evolution. Nimm sie in Liebe an und lasse sie dann los.

Schau dir auch deine Ausreden und Ausflüchte an, hinter denen du dich versteckst.

Häufige Verhinderungsmechanismen sind:
- Eine unglückliche Kindheit.
- Scheidung der Eltern.
- Der falsche Arbeitsplatz.
- Der falsche Beruf.
- Der Partner, der einen nicht versteht.
- Finanzielle Schwierigkeiten.
- Schlechte Zeiten.
- Keine gute Ausbildung.

Womit behinderst du dich, liebe Leserin, lieber Leser? Finde es heraus und stelle es ab.

Sei bereit, mit dem Fluß des Lebens zu fließen und mit den kosmischen Gesetzen im Einklang zu leben. Gestattest du deiner Seele diese Selbstverwirklichung nicht, entsteht in dir eine große Leere. Es handelt sich hierbei um einen Entwicklungsprozeß. Du bist auf diese Welt gekommen, um deiner Seele die Möglichkeit zu geben, sich selbst zu verwirklichen. Es ist deine Wahl. Du hast sie getroffen, bevor du inkarniertest. Nichts ereignet sich zufällig, alles ist von dir gewählt. Jede von dir getroffene Wahl zeitigt ihre Ergebnisse, genauso wie eine nicht getroffene Wahl. Jede Wahl in deinem Leben wird auf Grund einer Wahrnehmung getroffen, der Wahrnehmung der Angst oder der Wahrnehmung der Liebe.

Verändere deine Wahrnehmung der Angst in die Wahrnehmung der Liebe. Höre auf zu kämpfen und vertraue dich dem Fluß des Lebens an. Halte dein Augenmerk darauf gerichtet, daß die Menschen bereit sind, dir Liebe entgegenzubringen. Sei bereit, diese Liebe zu geben und anzunehmen.

Achte auf die Zeichen, die deine innere Führung dir sendet. Wenn du dafür offen bist, wirst du erstaunt sein, wie viele Hinweise du bekommst. Lerne, sie zu erkennen. Wichtig sind immer die innere Ruhe und Gelassenheit. Ohne sie kannst du nicht „im nicht wertenden Bewußtsein" sein. Und das ist sehr wichtig. Schau dir alles an, was dir begegnet, aber bewerte und verurteile es nicht.

Beginne jetzt dein Leben neu zu gestalten. Nimm dir Zeit und überlege dir sorgfältig, was du verändern möchtest. Es ist dein göttlicher Geist, der eine Veränderung herbeiführen kann. Niemand sonst kann diese Veränderung bewirken. So verliere keine Zeit, beginne gleich jetzt.

Ich möchte nun eine Meditation mit dir teilen. Am besten sprichst du diese Meditation auf eine Kassette auf. Oder du meditierst nach der CD zu diesem Buch.

Nimm dir eine Zeit, in der du sicher bist, daß du nicht gestört wirst. Setze dich in einen Raum, der dir das Gefühl der Geborgenheit vermittelt. Lasse dich von einer leisen und ruhigen Musik begleiten, die dir gefällt.

Setze dich gerade hin, die Beine stehen nebeneinander auf dem Boden, die Hände liegen locker im Schoß.

Beginne nun ganz langsam und entspannt ein- und auszuatmen, so wie es dir angenehm ist. Ganz entspannt ein- und ausatmen. Du entspannst dich mit jedem Atemzug mehr und mehr, indem du beim Ausatmen alles losläßt, was dich belastet. Atme es einfach aus. Spüre, wie du mit jedem Atemzug in eine immer größere Ruhe hineinkommst. Stelle dir nun vor, daß aus deinen Füßen dicke Wurzeln wachsen. Schicke diese Wurzeln gedanklich tief und breit in die Erde hinein. Stelle dir vor, du bist ein Baum, der seine Wurzeln tief und breit in die Erde hinein versenkt. Sei mit deinem Bewußtsein ganz in deinen Füßen und lasse mit jedem Atemzug die Wurzeln stärker werden. Spüre richtig die Verbindung zur Erde. Entspanne nun deine Füße, lasse sie ganz locker werden. Entspanne deine Wadenmuskulatur, lasse sie ganz weich und locker werden. Entspanne deine Knie, ganz locker lassen. Entspanne nun deine Oberschenkel und die Hüften, alles wird weich und entspannt, alles wird ganz leicht und locker.

Entspanne nun deinen Bauchraum. Einfach locker lassen. Entspanne nun deinen Oberkörper. Dein Herz schlägt ruhig und gleichmäßig. Mit jedem Atemzug entspannst du dich mehr und mehr. Entspanne deine Schultern und deine Arme, alle Muskeln und Sehnen werden ganz locker. Auch dein Hals und dein Nacken sind ganz entspannt. Entspanne deine Kiefermuskulatur und deinen ganzen Kopf. Nun, da du ganz entspannt bist, beruhige deine Gedanken. Lasse sie einfach ziehen. Lasse sie sich auflösen wie der Nebel in der Sonne.

Stelle dir vor, du bist in einer wunderschönen, blühenden Sommerlandschaft. Die Sonne scheint, und es ist angenehm warm. Du bist ganz gelöst, entspannt und heiter. In dieser Landschaft herrscht ein tiefer Friede, der sich jetzt auch auf dich überträgt. Lausche dem Zwitschern der

Vögel und erfreue dich an der Leichtigkeit der Schmetterlinge. Spüre das Gras unter deinen Füßen.

In der Ferne siehst du einen wunderschönen Tempel, der im Sonnenlicht wie Gold schimmert. Gehe auf diesen Tempel zu. Sieh ihn dir genau an. Kommt er dir bekannt vor? Ein paar Stufen führen zu dem Tempel hinauf. Klopfe an das Portal. Man wird dir öffnen. Du kommst in eine große, wunderschöne, festlich erleuchtete Halle. Ein Engel begrüßt dich. Es ist der Engel der Erkenntnis, der dir helfen möchte. Schau dich erst ein wenig um hier. Du fühlst dich ganz sicher und geborgen. Der Engel geleitet dich zu einer Tür, auf der steht: Saal der Erkenntnis.

Tritt hier ein. Ein Eremit hat hier auf dich gewartet. Er ist ein weiser Lehrer und Berater. Er kennt all deine Vorleben, deine Stärken und auch deine Schwächen. Unendliche Liebe und Güte strahlen von ihm aus, so daß du dich sogleich geborgen, angenommen und verstanden fühlst. Er möchte dir helfen, zu erkennen, was du an alten Mustern loslassen solltest. Welche Ängste dir das Leben schwer machen. Sie belasten dich nur, du brauchst sie nicht mehr auf deinem spirituellen Weg.

Der Eremit geht zu einem großen Regal, auf dem viele dicke Bücher stehen. Es sind Lebensbücher. Er nimmt ein großes, dickes Buch aus dem Regal heraus, auf dem dein Name steht. In diesem Buch sind alle Erfahrungen verzeichnet, die du in deinen verschiedenen Inkarnationen bereits gemacht hast. Der Eremit schlägt eine Seite auf und hält dir das Buch hin, damit du darin lesen kannst: Welche alten Muster machen dir immer wieder Schwierig-

keiten, und wo und wie sind sie entstanden?

Setze dich in den großen Sessel, der dort steht. Nimm das Buch auf deinen Schoß und beginne, die alten Muster anzuschauen. Der Eremit wird dir in Liebe behilflich sein. Du kannst ihn alles fragen. Scheue dich nicht, er ist dein Lehrer und Berater. Bitte auch darum, daß du die gewonnenen Erkenntnisse im Gedächtnis behalten kannst. Bitte den Eremiten, es dir zu sagen, falls du etwas übersehen haben solltest. Bitte ihn auch um eine Botschaft, die jetzt wichtig ist für dein Leben. Nachdem du alles angeschaut hast, verabschiede dich von dem Eremiten. Gehe zurück in die große Tempelhalle. Der Engel führt dich zu einer goldenen Schale, in der ein violettes Feuer brennt. Diesem Feuer der Transformation kannst du nun alles übergeben, was du loslassen möchtest. Es wird es für dich transformieren. Sei ganz bewußt dabei. Schau die alten Muster der Reihe nach noch einmal an und sage dann: „Ich lasse dieses Muster los." Nimm dir Zeit.

Du fühlst dich leicht und frei. Frage den Engel, ob du nichts vergessen hast. Bedanke dich dann für die Erfahrung, die du hier machen durftest. Gehe langsam wieder in die wunderschöne Sommerlandschaft hinaus. Genieße die Stille und die Schönheit der Natur. Verbinde dich mit ihr. Gib ihr deine Liebe. Danke auch der Mutter Erde für ihre Liebe. Spüre den tiefen Frieden, der in dir ist.

Wenn du dazu bereit bist, komme langsam in den Raum zurück, in dem du deine Meditation begonnen hast. Atme ein paar Mal tief ein und aus. Du kommst mit jedem Atem-

zug wieder mehr und mehr in dein normales Tagesbewußtsein zurück. Du nimmst die Geräusche der Außenwelt wieder wahr. Recke dich und strecke dich. Atme noch einmal tief ein und wieder aus und öffne dann die Augen. Nimm deine Arme hoch und schüttele sie aus. Du bist wieder ganz im Hier und Jetzt.

Am besten schreibst du dir deine Erlebnisse direkt auf, damit sie nicht verlorengehen. Wenn du nicht so viel erlebt hast, sorge dich nicht, du kannst die Meditation ja jederzeit wiederholen. Genieße einfach den Frieden, der in dir ist. Bewahre ihn in deinem Herzen.

Du bist ein spirituelles Wesen

Du weißt nun bereits, daß du viel mehr bist als dein Verstand und dein Körper und deine Seele. Du bist ein multidimensionales, geistiges Wesen in einem physischen Körper. Du lebst im Zeitalter des Planetarischen Erwachens. Du bist ein strahlendes, göttliches Lichtwesen. Vielleicht glaubst du, wie die meisten Menschen nur das, was du sehen, anfassen oder beweisen kannst. Das spirituelle Zeitalter erfordert ein enormes Umdenken. Wenn du in der Lage bist, deine Grenzen zu öffnen und dein Bewußtsein zu erweitern, wirst du dein spirituelles Selbst, dein Hohes Selbst, entdecken. Auch wenn du noch keine Erfahrungen mit den unsichtbaren Dimensionen gemacht hast, freunde dich zunächst mit dem Gedanken an, daß es sie gibt. Deine Seele ist unsterblich. Sie ist nicht an Raum und Zeit gebunden. Sie ist göttlich. Sie ist Liebe. Deine wahre Natur ist Liebe. Diese Liebe verbindet dich mit dem ganzen All. Es gibt keinen Ort, an dem diese Liebe nicht ist. Erwache zu dir selbst und erkenne dein Licht und deine grenzenlose, und farbige Vielfalt.

Liebe ist Spiritualität. Liebe wirkt Wunder. Liebe heilt. Liebe ist Licht. Licht ist Schwingung. Wenn dein Herz mit

Liebe erfüllt ist, wirst du niemals mutlos oder niedergeschlagen sein. Das Licht Gottes harmonisiert dein ganzes Wesen. Sei geborgen in Gott. Wisse, er ist immer bei dir. Du wirst dich nur dann einsam fühlen, wenn du dein Bewußtsein von Gott entfernst. Deine geistigen Führer und Berater werden dich immer wieder daran erinnern, daß Gott in dir ist.

Da wir in der Dualität leben, vereinen wir sowohl den sichtbaren wie den unsichtbaren Teil in uns. Wir tragen Himmel und Erde in uns. Wir leben Licht und Schatten. Wir schaffen uns Himmel und Hölle selbst, durch unsere Gedanken, Handlungen und die Erfahrungen, die daraus entstehen. Himmel und Hölle sind kein geographischer Punkt, sondern ein Bewußtseinszustand.

Menschen, die nicht um ihre Spiritualität wissen, sind ausschließlich an der Materie orientiert oder verfangen sich im Intellekt. Sie glauben nicht an ihre Geistigkeit. Hier kann weder eine materiell orientierte Wissenschaft, noch eine dogmatisch ausgerichtete Religion eine Wandlung vollbringen. Nur die göttliche Liebe und Weisheit können den Menschen Hilfe und Heilung bringen.

Spirituelle Menschen wissen um die metaphysischen Ebenen ihres Seins. Sie leben in dem Wissen, daß Gott in ihnen ist und seine Boten an ihrer Seite stehen, um sie zu leiten und zu beschützen. Sie wissen, daß sie sich auf der Erde befinden, um zu lernen und zu wachsen. Sie konzentrieren sich auf das Wesentliche, auf das kosmische Bewußtsein. Sie erkennen ihre Schöpferkraft an und wissen, daß sie Mitgestalter der neuen Zeit sind.

Die Verwandlung muß im Denken beginnen und dann in die Herzen der Menschen sinken. K.O. Schmidt hat über die Gedanken gesagt:

„Erinnere dich in jedem Augenblick an die Macht deiner Gedanken.

Was du beständig und beharrlich denkst, das wirst und verwirklichst du.
Was deiner vorherrschenden Geisteshaltung entspricht, das ziehst du herbei.
Darum sei stets Sender froher Gedanken!
Denn jede deiner Empfindungen hallt in den Seelen anderer wider und weckt Anti- oder Sympathien.
Bedenke: Haß weckt Hemmung. Was wir hassen, schadet uns. Was wir fliehen, eilt uns nach.
Aber was wir lieben und suchen, das dient uns und trägt uns davon."

Rein materiell orientierte Menschen glauben nicht an ein Weiterleben nach dem Tod, sondern daran, daß danach alles zu Ende ist. Ihr Leben ist meist von Angst, Machtstreben und Kampf begleitet. Der spirituelle Mensch weiß, daß das Leben auf der Erde ein Schulungsweg und eine „Durchgangsstation" ist. Sein Weg ist die Liebe und die Freude.

Das neue Zeitalter ist ein spirituelles Zeitalter, auch wenn es vielleicht noch nicht so aussehen mag. Es haben sich, weltweit gesehen, schon viele Menschen auf den spirituellen Pfad begeben. Sie haben ihre Geistigkeit anerkannt, meditieren regelmäßig und senden Licht aus zu allem Beseelten auf der Erde und im Kosmos. Sie sind mit ihrem Geistführer und ihrem Hohen Selbst in Verbindung.

Unendlich viele Menschen arbeiten an ihrem Bewußtsein. Sie verurteilen andere nicht mehr, sondern helfen ihnen, zu dem Potential zu finden, das sie in sich tragen. Sie können andere Menschen ihren Weg gehen lassen, ohne sie in ein bestimmtes Schema zu pressen und darauf zu bestehen, daß sie sie zufriedenstellen müssen.

Eine Erweiterung des Bewußtseins muß auf allen vier Ebenen unseres Seins geschehen:

- Der körperlichen,
- der seelischen,
- der emotionalen und
- der spirituellen Ebene.

Menschen, die sich auf einer höheren Bewußtseinsreise befinden, erkennen an, daß Gott in ihnen und in jedem anderen Menschen ist. Hier ist schon viel Verwandlung geschehen.

Immer mehr Menschen verstehen, daß ihre Gedanken ihre Realität erschaffen und verändern diese.

Es ist der göttliche Geist, der alle Wunder unseres Lebens vollbringt. Er transzendiert unser Leben. Die Verbundenheit mit ihm verändert unser Leben. Aber diese Verbundenheit kann nur in der Stille geschehen. Nur in der Stille erfahren wir unsere magische Kraft. Zufriedenheit und Gelassenheit stellen sich dort leichter ein als während der Hektik des Tages. Deine Intuition wird sich verstärken, und du wirst lernen, ihr mehr und mehr zu vertrauen. Zu Beginn deiner Veränderung wird dein Verstand versuchen, dich mit logischen Argumenten von deiner Intuition abzubringen. Je mehr du aber deiner Intuition gemäß handelst, desto mehr gewinnst du an Vertrauen in deine innere Stimme und wirst im Laufe der Zeit sensibler und hellhöriger dafür.

Sicher hat es auch in deinem Leben schon Situationen gegeben, in denen du dich gegen deine Intuition verhalten hast. Vielleicht ist dir dieser Satz vertraut? „Hätte ich nur auf meine innere Stimme gehört, wäre mir dieses oder jenes nicht passiert." Aber Fehlschläge sind Erfahrungen, aus denen wir lernen und an denen wir reifen.

Je mehr du dir deiner Spiritualität bewußt wirst und sie entwickelst, desto mehr wirst du auch deiner Intuition und deinen Eingebungen vertrauen. Es wird dir zur Selbstverständlichkeit. Um dies geschehen zu lassen, ist es notwendig, deine Skepsis beiseitezulassen und deine Zweifel abzubauen. Sei also aufmerksam für die Führung in deinem Leben. Vertraue deiner Intuition. Integriere deine intuitiven, weiblichen Anteile in dein Leben; egal, ob du eine Frau oder ein Mann bist.

Du gehörst zur großen Lichtfamilie, die sich jetzt auf der Erde inkarniert hat, um beim globalen Wandel mitzuhelfen. Du wurdest auf deine Aufgabe vorbereitet, bevor du dich in dein Erdendasein begeben hast. Dir wurde von Karmischen Rat gezeigt, welchen Beitrag du leisten kannst, und du hast deine Einwilligung dazu gegeben.

Viel Hilfe wird dir aus der geistigen Welt zuteil werden, wenn du dich dafür öffnest und bereit bist, dich den hohen Dimensionen des Lichts zu öffnen.

Durch die Entwicklung deines Lichtkörpers wirst du in der Lage sein, die Botschaften zu vernehmen. Forciere nichts, dein Hohes Selbst wird dich in der Weise führen, die dir zuträglich ist. Vertraue darauf! Deine Bewußtheit wird sich vergrößern. Dadurch wird das Bewußtsein der Menschheit, das kollektive Bewußtsein, gestärkt und angehoben.

Die materialistische Sicht der meisten Menschen hat sie von ihrer inneren Führung getrennt. Sie verlassen sich lieber auf ihren Verstand. Lasse die Skeptiker bei ihren Zweifeln bleiben und gehe auf deinem Weg des wachsenden Vertrauens weiter. Sei dir gewiß, daß du dein Leben zum Besseren verändern kannst. Fange gleich heute damit an. Laß nicht zu, daß die äußeren Dinge dich derart beherrschen, daß du keine Zeit für die Entwicklung deiner Seele findest. Sie ist das Wichtigste in deinem Leben.

Wenn du im Einklang mit deiner inneren Führung bist, weißt du, daß alles zur rechten Zeit kommen wird, wie du es brauchst. Sei motiviert und begeistert bei dem, was du machst. Dann wird dir ein viel höheres Energiepotential zur Verfügung stehen. Neid, Eifersucht und Konkurrenzdenken werden der Vergangenheit angehören. Du wirst mehr erreichen, als du es je zu träumen gewagt hast.

Imagination, der Weg zum Erfolg

Gott gab dir die Gabe der Imagination. Nutze sie. Sie wird die Kreativität deiner Seele entscheidend fördern. Mit Hilfe deiner Vorstellungskraft kannst du das erreichen, was du imaginierst. Lege dir eine Erfolgsvision zu. Deine Visionen, die du am besten in der Meditation entwickeln kannst, werden sich zuerst im Geistigen verwirklichen, um dann in der Materie realisiert zu werden.

Alle wirklich erfolgreichen Menschen sind Erfolgs -und Möglichkeitsdenker. Sie nutzen die spirituelle Gabe der Imagination. Ruhe in dir! Wisse, deine Gedanken bestimmen deinen Erfolg. Nur wenn du deinen Erfolg gedanklich für möglich hältst, wird er dir beschieden sein. Beschäftige dich mit den geistigen Gesetzen des Erfolges. Dann wird sich auch dein Erfolg leichter und müheloser einstellen. Verschwende keine Zeit mit besorgtem Tun, sondern vertraue und handle den geistigen Gesetzen entsprechend.

Lobe dich für deine Fortschritte. Erkenne sie an und freue dich darüber. Genieße deinen Erfolg. Solltest du noch keinen haben, bereite dich gedanklich darauf vor. Lasse es nicht am nötigen Einsatz fehlen. Schau dir auch deine

Ängste an, die dir möglicherweise den Erfolg versperren.

Viele Menschen haben Angst vor dem Erfolg und betreiben deshalb lieber eine Vogel-Strauß-Politik. Sie stekken den Kopf in den Sand und beschuldigen die Umstände, die immer schlechter werden oder erwarten vom Staat, daß er sie ernährt.

Spirituelle Menschen wissen, daß sie Kraft ihres Geistes alles erreichen können, was sie sich vornehmen. Wie ist es mit dir? Glaubst du an deinen Erfolg oder verhinderst du ihn? Erkennst du an, daß du Schöpfer deiner eignen Realität bist? Nutzt du deine Imaginationskraft?

Viele Menschen bitten Gott um mehr Erfolg, um Wohlstand und Fülle. Gott hat dir all das schon gegeben, denn du bist die ICH-BIN-Gegenwart. Verbinde dich mit ihr.

Gib dein Phlegma auf und verstecke dich nicht länger hinter der allgemeinen Ansicht, daß die Zeiten immer schlechter werden. Es muß für dich nicht so sein, es sei denn, du möchtest es. Wenn du dich, Macht der Gewohnheit, bis jetzt als Opfer äußerer Umstände gesehen hast, verändere deine Schau. Du bist ein strahlendes göttliches Wesen und fähig, alles zu erreichen, was du dir wünscht. Verändere deine alten Glaubenssätze.

Kennst du deine Talente und Möglichkeiten? Hast du jemals darüber nachgedacht? Wenn nicht, beginne gleich jetzt damit. Höre auf, dein Licht unter den Scheffel zu stellen. Springe über deinen Schatten und laß die alten Trägheitsstrukturen hinter dir. Schau dir an, welche alten Muster dich immer wieder behindern und deinen Fortschritt verhindern. Welche Weltsicht hast du von deinen Eltern oder anderen Bezugspersonen übernommen?

Schreibe diese Gedanken auf, damit du die immer wiederkehrenden Strukturen erkennen kannst. Womit verhinderst du deinen Erfolg? Womit blockierst du deine Transformation? Wenn du dir eine Liste all deiner Begrenzungen gemacht hast, gehe daran, sie abzubauen, Schritt für Schritt. Aber verurteile dich nicht. Mit jedem alten Muster, das du ablegst, wirst du freier und kommst deinem spirituellen Wesen einen Schritt näher.

Den meisten Menschen fällt es sehr schwer, in ihr Inneres zu schauen. Sie fürchten sich davor, ihre inneren Prozesse zu betrachten.

Es spielt keine Rolle, wie alt du bist oder welchen Beruf du hast. Das wichtigste ist, daß du deiner Berufung gemäß lebst. Nur dann wirst du wirklich glücklich sein. Konzentriere dich auf die Schönheiten in deinem Leben und sei dankbar dafür. In deiner Seele liegen alle Kräfte verankert, die du für ein Leben in Liebe und Fülle benötigst. Gedanken, Vorstellung und Willenskraft sind schöpferische Aspekte deiner Seele. Nutze sie.

Welche Zukunftsvisionen hast du? Die meisten Menschen haben zu dieser Frage sehr zwiespältige Gefühle. Sie wünschen sich zwar eine schöne, freudige und lichte Zukunft, werden aber gleichzeitig von Ängsten, Zweifeln und Sorgen heimgesucht. Schau dir deine Gefühle genau an? Machst du dir Sorgen um die Zukunft oder kannst du dich vertrauensvoll der Liebe Gottes anvertrauen?

Vielleicht befindest du dich gerade in einer Krise und weißt nicht, wie du aus ihr wieder herauskommen sollst. Jede Krise ist eine Chance zur Heilung deines Bewußtseins und deiner Situation. Sie zeigt den Beginn einer Transformation an. Alte, unerlöste Muster drängen nach oben und wollen erlöst werden. Ängste wollen transformiert und Blockaden aufgelöst werden.

Zu mir kommen viele Menschen zur spirituellen Lebensberatung. Sie befinden sich oft in einer seelischen Sackgasse und wissen nicht, wie sie wieder herauskommen können. Diese Krisen können sehr schmerzhaft und langwierig sein. Sie bitten die geistige Welt um Rat und Hilfe. Für mich ist es immer wieder beglückend zu erleben, wie Meister Eckhart ihnen den Weg weist und sie zu ihrem Potential führt. Die Menschen schöpfen wieder Mut und können ihren Weg neu überdenken und finden mit Hilfe der geistigen Welt die Kraft, ihn zu gehen.

Erkenne, daß in dir magische Kräfte wohnen, und schaffe Raum für sie. Sei bereit für die Wunder deines Lebens. Ohne Bereitschaft zum Glück wirst du niemals glücklich sein. Ohne die Fülle zuzulassen, bist du wie ein Mensch, der am voll gedeckten Tisch verhungert. Bedenke, nur in dir wirst du das Glück finden. Du kannst jeden Tag als Chance betrachten, dich mit all deinen Talenten und kreativen Aspekten einzubringen.

Meditiere immer wieder über deine Grenzenlosigkeit. Dehne dein Bewußtsein aus, bis zu den Sternen. Werde dir darüber klar, was du wirklich erreichen möchtest. Schreibe all deine Wünsche und Visionen auf. Durch die Imagination wirst du mehr und mehr die spirituelle Seite deines Seins kennenlernen. Je mehr du deine spirituelle Seite lebst, desto leichter werden deine Wünsche in Erfüllung gehen, fast auf magische Weise.

Höre auf die Wünsche deiner Seele! Was möchte sie ausdrücken, was möchte sie leben? Deine Seele hat nur ein Ziel, sich selbst zu verwirklichen. Sie möchte schöpferisch sein. Deine Seele sehnt sich nach göttlicher Nahrung. Achte darauf, daß sie sie erhält. Du bist der Kapitän deines Lebensschiffes, und du bestimmst den Kurs. Vielleicht bist du in deinem Leben manchmal vom direkten Kurs abgekommen. Sei ohne Sorge, dies waren Wachstumsprozesse, die auf deiner spirituellen Reise notwendig waren. Mache dich frei von Schuldgefühlen. Alles ist gut, wie es ist. Lebe in sinnerfüllter Verantwortung.

Vielleicht mußt du, wie die meisten Menschen, erst wieder lernen, auf die Wünsche deiner Seele zu lauschen.

Wenn du deine Ziele kennst, mußt du natürlich ins aktive Handeln gehen. Das Wünschen allein bringt noch keine Ergebnisse. Leider glauben dies viele Menschen. Sie wünschen und wünschen, aber sie handeln nicht dementsprechend. Sie kommen nicht heraus aus ihrer Lethargie und Trägheit und beklagen sich dann, wie schlecht es ihnen geht. Oder sie neiden anderen Menschen ihren Erfolg. Neid ist eine schlimme Behinderung auf dem spirituellen Weg.

Lasse die inaktive Phase hinter dir und verfolge mit Begeisterung deine Ziele. Sei bereit für den Erfolg. Bitte das

Universum um Hilfe. Habe Vertrauen in deine göttliche Führung. Inspirationen werden dir zuteil. Menschen werden auf deinen Weg geführt, um dir zu helfen. Wisse, daß immer für dich gesorgt ist. Sei dir gewiß, daß alles Wissen, das du für deinen Erfolg benötigst, dir genau im richtigen Augenblick zuteil wird. Alles im Kosmos hat seine Zeit und seine Stunde. Nur uns Menschen macht die Ungeduld oft schwer zu schaffen. Wenn wir eine Sache zu sehr beschleunigen wollen, kommt es oft zu „Frühgeburten." Diese hätten mit ein wenig Geduld vermieden werden können. Wir ziehen ja auch nicht an einem Grashalm, damit er schneller wächst.

Statt uns unter Druck zu setzten, können wir, wenn wir alles getan haben, was zum Erfolg nötig ist, entspannen und die Sache sich entwickeln lassen. Unser ungeduldiges Drängeln verwandelt sich dann in eine freudige Erwartungshaltung. Lasse dich nie entmutigen. Sei dir gewiß, daß dein Geistführer stets an deiner Seite ist, um dir mit Rat und Tat zur Seite zu stehen. Er kann und darf deine Erfahrungen nicht machen, aber er wird dir helfen, deinen Weg erfolgreich zu gehen.

Du kannst dein aktives Handeln auch mit Visualisationen unterstützen. Alles entsteht im Gedanken, und Gedanken erzeugen Bilder und Wirklichkeiten. Aus Gedanken entstehen Gefühle. Sei mit deinem Gefühl in deinen Visualisationen. Male dir alles, was du erreichen möchtest, so schön und erfolgreich wie möglich aus. Feiere deinen Erfolg schon im voraus. Sei dankbar.

Dankbarkeit ist der Glaube daran, daß du das erhalten

wirst, was du erschaffen möchtest. Es ist dein Geist, der die Dinge in deinem Leben erschafft. Habe bei allem, was du tust, stets den spirituellen Aspekt im Auge. Ist dein Tun und Handeln von der Liebe getragen und von Freude durchdrungen, wird es zum spirituellen Erfolg. Dies ist ein kosmisches Gesetz. Alles, was mit Liebe und Freude getan wird, geschieht mit Gott.

Rabindranath Tagore hat es so ausgedrückt:

„Ich schlief und träumte, das Leben sei Freude.
Ich erwachte und sah, das Leben war Pflicht.
Ich tat die Pflicht und siehe, die Pflicht war Freude."

Wenn du all deine Ziele so verfolgst, wirst du sie viel leichter und müheloser erreichen. Wir bekommen jede nur erdenkliche Hilfe aus dem Kosmos. Wir müssen sie nur zulassen und darum bitten. Niemand drängt sich in unseren freien Willen. Wir dürfen tun, was immer wir zu tun wünschen. Nur wir sind es, die Begrenzungen aufbauen, und nur wir können sie wieder abbauen.

So lebe deine Spiritualität und öffne dich der kosmischen Fülle. Sage dir immer wieder: „ICH BIN Fülle."

Oder: „ICH BIN die Fülle Gottes, die sich in all meinem Handeln ausdrückt."

Trenne dich nicht ab von der göttlichen Fülle. Behalte sie in deinem Bewußtsein. Drücke dein Bewußtsein der Fülle in der Freude des Schenkens aus. Sie öffnet dich für deinen inneren Reichtum.

Schau dich in der Natur um, wie sie sich uns in verschwenderischer Fülle darbringt. Sie hält nichts zurück aus Angst, daß der Reichtum verloren gehen könnte. Beobachte einmal Tiere, wie sie uns ihre Liebe in verschwenderischer Fülle schenken. Ihre Liebe ist nicht von unserem Verhalten abhängig.

Wir Menschen können so unendlich viel von den Tieren und der Natur lernen, wenn wir offen werden für ihre Botschaften. Sie offenbaren uns Gottes ganze Herrlichkeit. Die Liebe der Tiere ist nicht an irgendwelche Bedingungen geknüpft, sie verschwendet sich, wie die göttliche Liebe, um der Liebe Willen.

Die Liebe ist in dir

Für uns Menschen hat das Wort „Liebe" viele Definitionen. Wir alle sehnen uns danach, geliebt zu werden und zu lieben. Es geht hier nicht um die menschliche Liebe, die vom Verhalten anderer Menschen abhängig ist, sondern um die göttliche. Diese Liebe überwindet alle Hindernisse, heilt alle Schmerzen und vereint alle Menschen, schließt sie liebend in ihr Herz ein, wie Gott es tut. Sie ist unser wahres Selbst. Die Liebe Gottes ist in dir, wie in jedem Menschen und in jeder Seele in der geistigen Welt. Die Liebe Gottes ist der Christus in dir. Diese Liebe umfaßt den Kosmos und schließt niemanden aus.

Wir alle sehnen uns nach ihr und suchen sie meist im Außen. Wenn uns dann wirkliche Liebe dargeboten wird, haben wir Angst davor. Die Liebe Gottes ist das Wichtigste und Wunderbarste in deinem Leben. Verbirg sie nicht, sondern lasse sie fließen. Wenn du sie aussendest, kommt sie tausendfach zu dir zurück. Finde die Liebe in dir und wisse, wer du in Wahrheit bist. Liebe dich, und du wirst die Liebe überall sehen. Laß heute der Tag sein, an dem du die Liebe in dir entdeckst! Bist du bereit? Bist du offen für die neuen Ebenen deines Bewußtseins?

Sei dir bewußt, daß die Liebe Gottes für dich und alle seine Kinder immer gleich ist. Gott hat dich vollkommen geschaffen, und er sieht dich als vollkommenes Wesen. Beginne diese Vollkommenheit in dir zu finden. Gott ist Liebe, und du bist Liebe. Liebe ist Vollkommenheit und die Freiheit zu tun, was immer du für dich entscheidest. Gott hat dich mit einer Wahlfreiheit ausgestattet, die es dir erlaubt zu erschaffen, was immer du möchtest. Liebe bedeutet aber auch, deinen Brüdern und Schwestern zu erlauben, das zu leben, was sie möchten. Sie sind nicht auf der Welt, um dir deine Ansprüche zu erfüllen.

Liebe ist Vergebung. Die Vergebung ist der Schlüssel zur Tür der Liebe in dir. Durch die Vergebung wirst du die Liebe und das Glück finden, das du suchst. Ohne Vergebung wird deine Suche vergebens sein. Bitte Gott, dir zu helfen, zu der Liebe in dir vorzudringen. Die Liebe ist deine einzige Wahrheit.

Mutter Theresa hat es so ausgedrückt:

> *„Verbreiten Sie überall, wo Sie sind, Liebe: Zuerst in Ihrem eigenen Heim. Geben Sie Kindern Liebe, Ihrer Frau oder Ihrem Mann, dem Nachbarn von nebenan. Lassen Sie niemals jemanden zu Ihnen kommen, der nicht besser oder glücklicher geht. Seien Sie der lebende Ausdruck von Gottes Güte; Güte in Ihrem Gesicht, Güte in Ihren Augen, Güte in Ihrem Lächeln, Güte in Ihrer warmherzigen Begrüßung."*

Die Liebe ist die stärkste Heilkraft im Kosmos. In seinem wahren Wesen ist jeder Mensch heil und vollkommen. Auch wenn wir uns unserer Vollkommenheit nicht mehr bewußt sind. Die Liebe weist uns den Weg dahin zurück. Nur müssen wir den Zugang zu unserem innersten Wesen, der Liebe in uns, erst wieder finden. Das ist das spirituelle Ziel auf unserer Lebensreise. Dein Hohes Selbst möchte dir helfen, dieses Ziel zu erreichen. Dieses Buch möchte dich auf der spirituellen Reise zu dir begleiten und dir helfen, den Zugang zu der wunderbaren Liebe in dir zu finden. Die Liebe heilt auch unsere Beziehung zu anderen Menschen. Die meisten Menschen leben in Konflikten mit ihren Partnern und Mitmenschen. Nur die Liebe und die richtige Betrachtungsweise können die inneren und äußeren Konflikte lösen. Äußere Konflikte weisen uns immer auf eine innere Konfliktsituation hin. So kann jeder Streit zu einem Wachstumsprozeß werden. Wir sollten ihn nicht verurteilen, sondern als das begrüßen, was er ist: Eine wunderbare Möglichkeit zum Wachsen.

Die meisten Menschen haben Angst, sich der Liebe wirklich hinzugeben, weil sie Angst vor Verletzung haben. Es fehlt uns an wirklicher Hingabefähigkeit. Nur wenn wir uns in eine Beziehung wirklich liebend einbringen, wird sie zu einer spirituellen und glücklichen Beziehung werden. Wahre Liebe wird niemals verletzen. Darum scheitern so viele Partnerschaften. Ohne Hingabe an einen anderen Menschen kann es auf Dauer zu keinem zwischenmenschlichen Austausch kommen. Hiermit ist nicht die Abhängigkeit von einem Menschen gemeint, sondern die Hingabe an das eigene Selbst und das des anderen. In einer spirituellen Partnerschaft sind beide Partner daran interessiert, den anderen in seinem Wachstum zu unterstützen, und verlangen nicht von ihm, daß er / sie die Erwartungen des anderen erfüllt. Ohne die Liebe Gottes sind unsere Beziehungen starr und ohne Inhalt. Da wir vergessen haben, daß die Liebe Gottes in uns ist, haben wir verleugnet, daß wir Liebe sind. Dadurch entsteht der falsche Glaube, andere Menschen könnten uns etwas geben, was wir brauchen. Wenn wir aber begreifen, daß wir alles in uns haben, mißbrauchen wir unsere Partnerschaften nicht mehr, indem wir von unserem Partner verlangen, daß er unsere Bedürfnisse erfüllt. Nur die wahre, die spirituelle Liebe in uns, schafft ein dauerhaftes Fundament für unsere Beziehungen. Sie gilt es zu finden, um unsere Beziehungen zu heilen. Liebe bedeutet Einssein mit dem ganzen Kosmos. Tief in unserer Seele wissen wir um dieses Einssein.

Hermann Hesse hat gesagt:

„Für das Ego, das uns in der Dualität, das heißt, in der Trennung von anderen Menschen halten will, bedeutet das eine immense Bedrohung. Es wird mit allen möglichen und sehr subtilen Tricks versuchen, uns vom Einssein mit anderen Menschen abzuhalten. Uns aber ist die Wahl gegeben, wem wir folgen möchten, dem Ego oder dem Christus in uns; der Angst und der Trennung oder der Liebe und dem Einssein. Das Hohe Selbst ist unsere wahre Identität. Es kennt nur Liebe,

Frieden, Freude und Einheit. Leben wir in ihm, sind wir vollkommen. Leben wir im Ego, nehmen wir Mangel und Kampf wahr. Folgen wir unserem Hohen Selbst, wissen wir, daß der Kosmos voller Liebe ist. Gott ist Liebe und Gott ist das Universum. Gott ist in dir, also bist auch du der Kosmos. Mikrokosmos gleich Makrokosmos, oder wie innen, so außen. Folgen wir aber der Illusion des Egos, fühlen wir uns klein, schwach und wertlos. Es möchte uns in geringem Selbstwertgefühl halten, weil es damit sein System stärkt."

Pranamahansa Yogananda hat es so ausgedrückt:

Der Mensch hat sich irrigerweise mit der Scheinseele oder dem Ego identifiziert. Wenn er sein Identitätsgefühl auf sein wahres Sein, die unsterbliche Seele, überträgt, entdeckt er, daß aller Schmerz unwirklich ist. Er kann sich den Zustand des Leidens nicht einmal mehr vorstellen.

Es ist gut, Gott am Morgen darum zu bitten, den Tag in Liebe und Freude leben zu dürfen. Ein Tag, der so anfängt, verläuft ganz anders als ein Tag, der mit Angst begonnen wird. Die Morgenmeditation stärkt uns für den ganzen Tag. Sie hilft uns, in unserer Mitte zu ruhen.

Danke Gott für all die Segnungen in deinem Leben. Dankbarkeit ist ein wichtiger Schritt auf unserer spirituellen Reise. Es gibt so viel zu danken, für jeden von uns.

Denke einmal darüber nach, wie viele Segnungen es in deinem Leben gibt. Wir Menschen nehmen vieles als selbstverständlich hin und erkennen gar nicht, wie wertvoll es ist. Immer wenn du unruhig oder ängstlich bist, sage:

„ICH BIN Liebe."
„Ich ruhe in Gott."

Du wirst merken, wie du augenblicklich ruhig wirst, wie ein tiefer Friede in dich einzieht.

Jesus hat uns gesagt, wie wichtig es ist, die Liebe zu leben. Sein Leben war von der Liebe Gottes durchdrungen. Er wollte uns durch sein Beispiel zeigen, daß es möglich ist, die absolute Liebe zu leben. Er hat gesagt:

„Liebe deinen Nächsten wie dich selbst."

Darum suche zuerst nach der Liebe in dir! Betrachte dich mit den Augen der Liebe, so werden deine Mitmenschen dies auch tun. Die Liebe ist keine Reaktion auf das Handeln anderer Menschen oder auf äußere Umstände, sondern eine tiefe innere Angelegenheit. Liebe ist auch kein Gefühl, sondern eine Entscheidung zur Wahrheit, denn die Liebe allein ist Wahrheit, alles andere ist eine Illusion. Da wir uns alle nach Liebe sehnen, sind wir ständig auf der Suche nach Menschen, die uns diese Liebe geben und uns somit vollkommen zu machen scheinen. Und doch sind wir oft nicht bereit, wahre Liebe anzunehmen, weil wir glauben, sie nicht zu verdienen. Wir brauchen sie nicht verdienen! Sie ist unser göttliches Erbe!

Paulus hat es im „Hohen Lied der Liebe", im Brief an die Korinther, so treffend ausgedrückt:

„Wenn ich mit Menschen - und mit Engelszungen redete und hätte der Liebe nicht, so wäre ich ein tönend Erz oder eine klingende Schelle. Und wenn ich weissagen könnte und wüßte alle Geheimnisse und alle Erkenntnis und hätte allen Glauben, so daß ich Berge versetzte, und hätte der Liebe nicht, so wäre ich nichts. Und wenn ich alle meine Habe den Armen gäbe, und hätte der Liebe nicht, so wäre es mir nichts nütze. Glaube, Liebe, Hoffnung, diese drei, aber die Liebe ist die größte unter ihnen."

Hast du dich schon einmal gefragt, was Liebe für dich bedeutet? Nimm dir die Zeit und Ruhe und werde dir darüber bewußt. Schreibe alles auf, was dir ins Bewußtsein kommt.

Suche nicht im Außen nach deinem Glück, nach Liebe und Anerkennung, denn dort wirst du sie nicht finden. Aber in dir, möglicherweise tief verborgen, gibt es einen Ort, an dem deine Seele ihrem Gott begegnen kann. Dort ist dein göttliches Potential. Dort schlummern verborgen in dir Gottes Liebe, Allmacht und Herrlichkeit. Wenn du von dort aus lebst und handelst, wird sich dein Leben in kurzer Zeit verwandeln. Suche diesen Ort so oft wie möglich auf, um dort Rat und Hilfe zu finden.

Wenn wir stets Gott in unserem Bewußtsein behalten, leben wir in der Liebe und sind auf diese Weise eins mit dem Leben, der Freude und dem göttlichen Überfluß.

In der Liebe zu sein, ist unser bester Schutz, unsere Versorgung, denn wenn wir die Liebe leben, sind wir heil und brauchen keine Heilung. Betrachte Gott als deinen Partner in allem, was du tust. Mit Gott sind alle Dinge leicht getan.

Wir alle sind ständig auf der Suche nach Liebe. Da wir die Liebe in uns verleugnet haben, befinden wir uns in einem immerwährenden Mangelzustand. Wir alle haben einen ständigen Hunger in uns, den wir mit allem Möglichen zu kompensieren versuchen, mit Süßigkeiten, Eßsucht, Alkohol, Nikotinsucht oder sogar mit harten Drogen. Unser wirklicher Hunger aber, der Hunger nach der Liebe Gottes, kann damit nicht gestillt werden. Um unser Suchtverhalten loslassen zu können, müssen wir erkennen, daß die Liebe Gottes immer in uns ist und uns jeder- zeit zur Verfügung steht. Um unseren inneren Hunger zu stillen, jagen wir den Dingen der äußeren Welt nach und bleiben doch stets in der gleichen Leere verhaftet, wenn wir uns nicht daran erinnern, daß Gottes Liebe und Fülle in uns sind.

Wenn wir verstehen und es wirklich glauben, daß Gott, der All-Eine, in unserem Inneren wohnt, entdecken wir nach und nach die Kraft, die Weisheit und die Liebe in uns. Dann sind wir bereit, unsere Schöpferkraft anzuerkennen und zu gebrauchen. Jesus hat gesagt:

„Suchet zuerst nach dem Reich Gottes in euch."

Das Reich Gottes ist in uns. Aus freiem Willen haben

wir uns gedanklich von Gott entfernt und den Weg der Trennung, des Leides und der Unvollkommenheit gewählt. Obwohl diese vermeintliche Trennung nur eine Illusion ist, hat sie uns doch seit ewigen Zeiten gefangengenommen.

Jetzt beginnen immer mehr Menschen zu erkennen, daß sie immer von Gott geliebt werden und Vollkommenheit zum Ausdruck bringen dürfen. Wir werden alle immer geliebt, und zwar alle gleich. Eine Trennung von Gott hat in Wahrheit niemals stattgefunden. Sie ist gar nicht möglich. Gott ist die alles durchdringende und aktivierende Energie, ohne die nichts existieren kann. Wir müssen diesen neuen Weg erst gehen lernen, während Gott und Jesus uns bereits als vollkommene Wesen sehen.

Wenn wir in Gott ruhen, wird unsere Welt augenblicklich liebevoll und harmonisch. Wir führen ein Leben in Freude, Liebe und Fülle. Laßt uns dies mit anderen Menschen teilen.

Wenn deine Seele bereit ist, kann Gott durch sie wirken. Verschwende keine Zeit mit Haß und Rachegedanken, sondern konzentriere dich auf die Liebe Gottes in dir. Verschließe dich nicht länger vor ihr. Lasse das Christuslicht in deinem Herzen leuchten. Wenn du einen Gedanken des Hasses denkst oder auf Rache sinnst, sei dir bewußt, daß du jederzeit umdenken kannst. Du hast die Wahl, was du denken möchtest. Beginne deine Gedanken noch einmal. Bitte Gott, dir dabei zu helfen. Bitte ihn, dir zu helfen, Liebe und Weisheit zum Ausdruck zu bringen. Bitte darum, in ein höheres Verstehen zu kommen. Bitte um Führung. Frage, wie du dich verhalten solltest. Und dann setze dich still hin und warte auf eine Antwort. Du wirst sie ganz sicher erhalten.

Teilhard de Chardin sagte über die Liebe:

Allein die Liebe kann alle Lebewesen vereinen und sie so vervollständigen und ganz verwirklichen; denn sie allein verbindet sie durch das, was in ihnen selbst das Tiefste, Innigste ist.

Alles, was wir brauchen, ist die aktive Vergegenwärtigung, daß sich unsere Fähigkeit zu lieben entwickelt, bis sie die Gesamtheit der Menschen und der Erde einschließt.

Ruhe in Gott und komme in die Liebe. Sie wird dir die Antwort zeigen. Sei es, daß du eine direkte Botschaft über einen Gedanken erhältst oder über ein Bild oder ein Gefühl. Die Kommunikation mit Gott will geübt sein. Sei geduldig und habe Vertrauen. Zweifle nicht, daß es dir möglich ist, mit Gott zu kommunizieren. Bei den meisten Menschen findet nur eine einseitige Kommunikation mit Gott statt. Sie beten zu ihm, sind aber nicht in der Lage, ihm zuzuhören. In der Stille der Meditation ist es leichter möglich, die Antwort Gottes zu vernehmen. Gott lädt uns alle zu einem Gespräch mit ihm ein, wieder und wieder. Durch die Kommunikation mit ihm wird unser Leben so viel reicher und leichter. Vor allem lehrt er uns, wer wir in Wahrheit sind. Im Gespräch mit Gott erfahren wir eine unendliche Liebe und Stärkung.

Das Wassermannzeitalter ist eine Zeit, in der die Liebesschwingungen sich mehr und mehr im Kosmos ausbreiten. Die Menschen werden lernen, mehr von der geistigen Ebene aus zu handeln. Sie werden vom Getrenntsein ins Einssein hineinkommen.

Die göttliche Liebe ist bedingungslos. Bedingungslose Liebe bedeutet, jeden Menschen so anzunehmen, wie er ist. Liebe bedeutet auch, die Entscheidungen deiner Schwester oder deines Bruders zu akzeptieren. Unterstütze ihn in seinen, von ihm selbstgewählten Lernprozessen. Ver- oder beurteile niemanden. Du kannst die Hintergründe für seine Entwicklungswahl nicht kennen.

Lao Tse hat die Macht der Liebe einmal so definiert:

Macht der Liebe

Ehre ohne Liebe macht hochmütig.

Macht ohne Liebe macht grausam.

Pflicht ohne Liebe macht verdrießlich.

Besitz ohne Liebe macht geizig.

Glaube ohne Liebe macht fanatisch.

Klugheit ohne Liebe macht betrügerisch.

Wahrheit ohne Liebe macht kritiksüchtig.

Ordnung ohne Liebe macht kleinlich.

Gerechtigkeit ohne Liebe macht hart.

Sachkenntnis ohne Liebe macht rechthaberisch.

Verantwortung ohne Liebe macht rücksichtslos.

Das spirituelle Bewußtsein wird sich immer mehr ausbreiten. Die Freiheit des Geistes wird den Sieg über den begrenzenden Intellekt davontragen. Der Stolz des Intellekts ist oftmals eher hinderlich, als daß er in der Lage ist, uns zu beflügeln; das kann nur der Geist. Das Ego versucht, uns zu binden und zu begrenzen.

Das Reich Gottes ist in uns. In ihm haben wir unser wahres Sein. Es wird Zeit, daß wir unsere Identität in einem viel größeren Bewußtsein neu definieren. Auf diese Weise werden wir neue Wirklichkeiten erschaffen.

Wir leben in einer sehr wandlungsfähigen Zeit, in der große Veränderungen auf uns zukommen. Es liegt an jedem einzelnen von uns, wie wir diese Zeit erleben werden. Nur wer mit offenem Herzen die Veränderungen willkommen heißt, wird ein Leben in Liebe, Freude und Harmonie erleben.

Wir sind mit einem bestimmten, von uns selbst gewählten Auftrag in dieser Zeit auf die Erde gekommen. Wir möchten teilnehmen an der Verwandlung der Erde. Jeder von uns kann seinen ganz besonderen Beitrag zur Verwandlung der Erde und ihrer Menschen leisten. Die Hilfen, die wir brauchen, bekommen wir aus dem geistigen Reich, aus den unsichtbaren Dimensionen.

Das Licht der Aufgestiegenen Meister wird zur Erde gesandt, damit wir in die Lage versetzt werden, uns schneller zu entwickeln. Öffnen wir uns in Dankbarkeit ihren Strahlungen. Sie erwecken die dynamische und magische Kraft in uns. Sie freuen sich mit uns über jeden Fortschritt. Sie helfen uns Menschen, uns unserer Aufgabe bewußt zu werden. Sie zeigen uns, daß wir Lichtboten und Lichtträger sind. Wir sind Licht, wir müssen uns nur daran erinnern.

Jeder von uns ist aufgefordert, seinen Beitrag zu leisten und seine Gaben und Talente einzubringen. Frage dich: Wie kann ich dem Universum am besten dienen? Bitte Gott darum, deine Möglichkeiten zum Wohle aller Menschen zu nutzen. Sei bereit! Sei dir bewußt, daß dein Beitrag einmalig ist. Kopiere nicht andere Menschen oder glaube, du müßtest dasselbe tun wie sie. Sei bereit, dorthin zu gehen, wo du gebraucht wirst. Auch wenn es nur eine kleine Aufgabe ist, erfülle sie mit Liebe und Begeisterung. Stimme deine Seele auf dein Hohes Selbst ein und folge deiner Intuition. Sie wird dich leiten.

Tauche ein in den tiefen Prozeß der Selbsterfahrung. Verbinde dich mit deiner unsterblichen Seele. Ihr Bestreben ist es, dich zu deinem bestmöglichen Ausdruck zu führen. Beginne dein Leben aus einer kosmischen Perspektive heraus zu betrachten. Überdenke dein Leben. Liebe, achte und erkenne dich an. Erkenne dein wahres Selbst. Wenn du dies tust, wirst du auch alle in dir schlummernden Talente und Kräfte entdecken und zum Ausdruck bringen wollen. Sei bereit für die Wunder, die in dein Leben treten.

Deine Seele ist dein geistiges Selbst; dein Hohes Selbst ist der göttliche Ausdruck deiner Seelenenergie. Das letztendliche Ziel jeder Seele ist die Vereinigung mit Gott. Gott ist Liebe, so bedeutet eine Vereinigung mit Gott die Verschmelzung mit der Liebe. Gott ruht in deinem tiefsten Wesen. Mit ihm sind alle Dinge möglich. Vertraue seiner Führung.

Ich möchte ein wunderbares Gedicht des Philosophen H.K. Iranschähr mit dir teilen:

Gabe eines Wanderers an die Menschheit der neuen Zeit

Ihr stammt alle von einem Vater.
Derselbe Geist belebt eure Seelen.
Eins ist euer Ursprung und euer Ziel.
Völker der Erde - Kinder des Lichts:
Ihr sollt miteinander brüderlich leben!

Ihr seid zum Ebenbild Gottes geschaffen.
Seiner Offenbarung harrt Er in euch.
Laßt Weisheit, Liebe und Frieden walten!
Völker der Erde - Kinder des Lichts:
Ihr sollt miteinander friedlich leben!
Ihr seid auf ewig miteinander verbunden.
Trennung ist Sünde, eitler Wahn.
Reicht euch nun brüderlich die Hand!

Völker der Erde - Kinder des Lichts:
Ihr soll miteinander herzlich leben!

Wacht auf aus der Unwissenheit tiefem Schlaf!
Werdet zu Gottmenschen eurer Bestimmung!
Werdet hilfreich, edel und gut!
Völker der Erde - Kinder des Lichts:
Ihr sollt miteinander ehrlich leben!

Befreit euch von der Habgier Knechtschaft!
Zu freien Menschen werdet, in Gott vereint!
Seid glücklich und stark im Geiste der Einheit!
Völker der Erde - Kinder des Lichts:
Ihr sollt miteinander in Liebe leben!

Liebet einander wie Kinder einer Familie!
Beglückt und beschenkt euch aus vollem Herzen!
Schaffet helfend und dienend einander!
Völker der Erde - Kinder des Lichts:
Ihr sollt miteinander glücklich leben!

Trachtet nach Wahrheit, sie erlöst allein!
So werdet erlöst ihr und auch Erlöser sein.
Dies ist der Sinn des Lebens, eure Mission.
Völker der Erde - Kinder des Lichts:
Ihr sollt miteinander göttlich leben!

In Resonanz sein

Das „Gesetz der Resonanz" oder das „Gesetz der Entsprechung" ist im ganzen Kosmos stets wirksam. Entsprechend unseren inneren Bildern ziehen wir Situationen an, die mit uns in Resonanz stehen. Es existiert eine Wechselbeziehung zwischen dem Innen und dem Außen. Die Welt ist ein Spiegel unserer inneren Bilder. Wir alle haben verschiedene Aspekte der Welt in uns. Die meisten davon haben wir ins Unterbewußtsein abgedrängt. Wir alle kamen auf den Planeten Erde, um diese Schattenseiten in uns zu erlösen. Es ist Zeit zur Besinnung.

Als spirituelle Seelen kamen wir auf die Erde, um teilzuhaben an dem Transformationsprozeß, der im Bewußtsein der Menschen auf der Erde stattfindet. Es ist eine faszinierende Zeit. Das Bewußtsein der Menschen ist kollektiv. Wir befinden uns nicht nur auf einer persönlichen Evolutionsreise, sondern sind Helfer beim Wandel des Kollektivbewußtseins. Wenn sich das Kollektivbewußtsein weiterentwickelt, zeigt sich das in der äußeren Wirklichkeit. Deine spirituelle Entwicklung hebt das Kollektivbewußtsein an.

Die Welt ist der Schauplatz, auf dem wir alle bestimmte

Rollen spielen, die wir uns gewählt haben. Es geht um ein Miteinander und nicht nur um eine Eigenleistung. Unsere Entwicklung steht in Resonanz zum Bewußtsein der Welt. Je mehr wir die spirituellen Dimensionen unseres Seins entwickeln, desto mehr tragen wir zur spirituellen Entwicklung der ganzen Menschheit bei.

Je bewußter wir werden und alle Ebenen unserer multidimensionalen Persönlichkeit integrieren, desto mehr heben wir das Weltbewußtsein an.

Hierzu ist es notwendig, alle Aspekte unseres Seins anzuschauen. Auch die verdrängten Schattenaspekte. Sie gilt es zu erlösen, zu transzendieren. Nur so kommen wir aus unseren Angstmustern heraus. Wenn schwierige Situationen in unserem Leben auftreten, sind wir aufgerufen zu schauen, welche alten Glaubenssätze angesehen und losgelassen werden wollen. Wenn in unserem Dasein etwas geschieht, das in Resonanz zu einem Muster in unserem Unterbewußtsein tritt, gibt es Turbulenzen. Nichts geschieht zufällig, alles steht in Resonanz. Lösen wir das Muster nicht auf, werden wir immer wieder neue Lernsituationen schaffen, bis das alte Glaubensmuster erlöst ist.

Alte Muster können sowohl im Unterbewußtsein verhaftet, wie auch im Emotionalkörper gespeichert sein. Die angstbesetzten Gefühle des Emotionalkörpers schwingen bei einer Entsprechung immer wieder in unser Leben hinein.

Ich möchte dies an einem Beispiel aus meinem Leben verdeutlichen. Als ich vor Jahren zu channeln begann, schwoll schon nach kurzer Zeit mein Stimmband auf der rechten Seite an, und ich mußte ständig husten. Mein Geistführer erklärte mir, dieses Problem käme aus einer anderen Inkarnation. Er sagte: „Einer deiner Widersacher hat dir in einem anderen Leben ein Messer in den Hals gestoßen. Es geschah beim Channeln. Du bist zwar nicht daran gestorben, aber dein Emotionalkörper hat gespeichert: Channeln bedeutet Gefahr. Es ist in diesem Leben nicht mehr von Bedeutung. Löse das Muster aus deinem Emotionalkörper auf."

Ich habe dann eine Rückführung gemacht und erlebte folgendes: Ich sah mich in Afrika als Medizinmann um ein großes Feuer tanzen. Ich tanzte in Ekstase. Als diese ihren Höhepunkt erreicht hatte, rannte einer meiner Widersacher auf mich zu und stach mir ein Messer in den Hals, und ich brach zusammen. Daher das Muster: Channeln bedeutet Gefahr. Das Anschwellen meines Stimmbandes war die Reaktion des Emotionalkörpers.

Daher ist es wichtig, solche Blockaden aus dem Emotionalkörper zu entfernen. Die schmerzhafte emotionale Bindung im Emotionalkörper erzeugt sonst immer wieder Schwierigkeiten. Die Kodierungen müssen aufgelöst werden. Ähnlich ist es mit dem Unterbewußtsein, das wie ein riesiger Datenspeicher ist. Auch hier müssen die alten Programme gelöscht und durch neue ersetzt werden. Schau dir einmal deine Blockaden und Kodierungen an. Da du sie mit dem Intellekt meistens nicht erkennen kannst, ist es notwendig, sie in der Meditation aufzuspüren. Beobachte auch, in welcher Resonanz sie zu deinem Erleben stehen. Einige Blockaden kannst du im Gespräch mit anderen Menschen aufspüren.

Es muß eine innere Balance geschaffen werden zwischen den spirituellen Aspekten und den irdisch-materiellen. Sonst entsteht ein Ungleichgewicht. Der Realitätsverlust wäre die Folge davon. Die ständige Überbetonung eines der beiden Pole bringt uns nicht in die Mitte hinein. Wir leben in der Polarität und sollten beide Pole in uns und in der Welt akzeptieren und nicht einen Pol negieren oder verurteilen.

Sei dir bewußt, daß deine Gedanken, gemäß dem Gesetz der Resonanz, ähnliche Gedankenformen aus dem Kosmos anziehen. Gedanken werden zu Form und Materie. Gedanken sind wie Magnete, die alles anziehen, was ihnen entspricht, was mit ihnen in Resonanz steht. Gedanken sind Schwingungswellen, auf denen wir schwimmen. Mal ist das Meer der Gedanken still und ruhig, oft aber sturmgepeitscht.

Der Prozeß der Heilung und Transformation erfordert Geduld und Beharrlichkeit. Er bringt tiefgreifende Prozesse auf allen Ebenen hervor: auf der physischen, der seelischen, der emotionalen und der spirituellen. Es ist wichtig, alle Aspekte unseres Seins liebevoll anzunehmen und zu akzeptieren. Wenn uns dies im Inneren gelingt, können wir gemäß dem Gesetz der Resonanz auch im Außen liebevoll handeln. Das Leben liefert uns immer neue Lernerfahrungen. Begrüßen wir sie, sie bringen uns vorwärts.

Wenn du in Resonanz mit der Liebe in dir stehst, bist du

auch in der Lage, allem im Kosmos deine Liebe und Wertschätzung zukommen zu lassen.

Übernimm die Verantwortung für dein Leben und in Resonanz dazu für das Kollektivbewußtsein. Du bist ganz wichtig für die Heilung der Welt. Ohne deine Heilung kann die Welt nicht heil werden. Deine Liebe steht in Resonanz mit der Liebe des ganzen Kosmos. Die Freude in dir kann die Freude in allen Menschen entzünden. Dein Frieden kann sich über die Welt ausbreiten wie ein liebender Mantel. Lege alle Zweifel beiseite und werde dir deines göttlichen Potentials bewußt.

Durch Vergebung zum inneren Frieden

*U*m in den wahren Frieden und in eine höhere Schwingung hineinzukommen, es ist unerläßlich, zu vergeben. Vergib und laß die Vergangenheit los. Sie ist vergangen, du kannst sie heute nicht mehr leben. Wenn du nicht bereit bist, die Vergangenheit loszulassen, vergiftet sie deine Gegenwart und Zukunft. Die Vergebung ist die Befreiung und Heilung. Wenn du allen Menschen verziehen hast, die dir scheinbar unwohl taten, wird dein Herz voller Freude und Glückseligkeit sein. Lasse die Dramen des gegenseitigen Zurückzahlens aus deiner Vergangenheit los. Viele Krankheiten entstehen auf dem Boden eines lange gehegten Grolls. Sie „fressen" den Menschen sozusagen von innen her auf.

Vor allem aber vergib dir selbst für alle Taten, die du getan, für alle negativen Worte, die du gesprochen, für alle negativen Gedanken, die du jemals gedacht hast. Frage dich einmal, wie es mit der Vergebung für dich selbst steht. Bist du bereit, dir deine Fehler zu vergeben? Oder bestrafst du dich immer wieder dafür, nicht vollkommen zu sein? Deine Vergebung ist eine Gabe an die Welt. Gib deinen Glauben an Schuld und Bestrafung auf. Gott ist absolute Liebe und sieht niemanden als schuldig an. Da niemand in den Augen Gottes schuldig ist, wird er sicherlich auch niemanden bestrafen.

Wenn du es alleine nicht schaffst, bitte den Christus in dir um Hilfe. Durch die Vergebung und das Loslassen der Vergangenheit kannst du deine Schwingungen enorm erhöhen. Ein großes Glücksgefühl wird sich in dir ausbreiten. Wenn du vergeben hast, bist du frei.

Alle Menschen sind deine Schwestern und Brüder. Gott schuf sie genauso vollkommen wie dich. Wenn du dies wirklich verinnerlicht hast, kannst du keinen Groll mehr gegen deine Schwester oder deinen Bruder hegen, weil du den Christus in ihnen siehst. Du bist auf diese Welt gekommen, um die Vergebung zu lernen. Ohne Vergebung gibt es keine Liebe, und ohne Liebe keine Freude. Ohne Vergebung gibt es kein Glück. Gottes Wille für dich ist vollkommenes Glück. Du mußt nur bereit sein, dieses Glück anzunehmen, und eine Bereitschaft zur Vergebung haben. Wenn du diese Bereitwilligkeit hast, werden Wunder über Wunder in deinem Leben geschehen. Der Christus in dir wird dir helfen, wenn du ihn darum bittest.

Vielleicht glaubst du, daß es dir unmöglich ist, alten Groll loszulassen? Wenn du daran festhältst, wirst du krank werden. Viele Menschen schleppen ihren Haß und Groll lebenslang mit sich herum und wundern sich dann, wenn sie einer schweren Krankheit erliegen. Der angestaute Groll wirkt im Unterbewußtsein wie eine Ladung Dynamit, die in jedem Moment hochgehen kann. Groll macht unfrei und hält uns von der Liebe in uns fern. Sieh deine Schwester oder deinen Bruder nicht als schuldig an, sondern sieh den Christus, der in ihnen leuchtet, genau wie in dir. Vergebung bedeutet Erlösung. Sei bereit, dich selbst zu erlösen, indem du den Groll hinter dir läßt.

Bitte immer wieder um Hilfe, wenn du die Bereitschaft zur Vergebung nicht aufbringen kannst. Der Christus in dir wird dir helfen. Nur das Ego hält dich im Groll gefangen. Es stärkt damit sein System. Es hält dich zurück und möchte verhindern, daß du das Licht und die Liebe in dir findest. Aber du hast die Wahl, wem du folgen möchtest, dem Ego, mit all seinen Ängsten, oder dem Christus mit all seiner Liebe. Mag das Ego noch so viele Argumente vorbringen, daß es besser sei, am Groll festzuhalten. Höre nicht darauf. Dein Hohes Selbst weiß, daß die Vergebung dir Erlösung bringt.

Du kannst auch in der Meditation deinen Groll auflösen. Auf meinen CDs findest du Vergebungsmeditationen. Sie werden dir helfen zu vergeben.

Der Weg ins Licht

Lebe im Einklang mit deinem wahren Wesen und arbeite mit Licht. Erwarte das Beste von jedem neuen Tag. Fülle ihn mit Licht und Liebe. Du bist das Licht, sende es aus. Dein Licht, das du zu anderen Menschen schickst, wird ihnen helfen, das Licht in sich zu finden. Das Licht ist die einzige Wahrheit. Alles andere ist nur eine Trennung vom Licht. Finde dein inneres Licht. Gott offenbart sich dir als Licht. Licht und Liebe sind eins. Sieh dich als Lichtträger und Lichtbote. Öffne dich dem Licht, das von oben kommt. Nimm die Schönheit um dich herum wahr. Wenn du mit offenem Herzen und offenen Augen durch deinen Tag gehst und deinen Blick auf das Göttliche in allem richtest, wird deine Wahrnehmung für die Schönheit um dich herum mehr und mehr geschult. Sei dankbar für alles, was dir begegnet. Gehe mit Freude durch dein Leben.

Lege das Buch eine Moment zur Seite und sei bereit für eine kleine Lichtübung:

Atme ein paarmal tief ein und aus. Lasse mit jedem Atemzug die Außenwelt mehr und mehr los. Komme mit jedem Ausatmen mehr und mehr in eine wunderbare Welt der Ruhe hinein. Konzentriere dich ganz auf deinen Atem. Stell dir vor, daß etwa dreißig Zentimeter über deinem Kopf, dem Transpersonellen Punkt, ein große, weiße Christussonne leuchtet. Es ist ein wunderschönes strahlend weißes Licht.

Atme dieses Licht nun durch dein Kronenchakra, das auf der Mitte deines Kopfes liegt, ein und sende es mit dem Ausatmen in deinen Körper hinein, in alle Organe, in alle Muskeln und Sehnen, in alle Nerven bis in deine kleinsten Zellen. Fühle, wie dich das Licht ganz hell und klar werden läßt. Sei dir bewußt, daß du dich mit dem Licht der Liebe füllst und fühle, wie diese Liebe sich immer mehr in dir ausbreitet.

Lasse das Licht nun in deine Hände fließen und sende es aus. Schicke es um die Welt herum, in der Längsachse und in der Querachse. Siehe, wie dein Licht die ganze Erde einhüllt.

Schicke nun all den Menschen Licht, die du liebst. Hülle sie ganz in das strahlend weiße Christuslicht ein. Dann sende es zu allen Menschen, mit denen du uneins bist oder gegen die du Groll hegst. Hülle auch sie in das Licht der Liebe ein. Stell dir vor, wie sie vor dir stehen. Schau dir an, was das Licht bei ihnen bewirkt.

Sende das Licht zu allen Menschen, die einsam sind, damit sie sich geborgen fühlen. Sende es zu allen Menschen, die traurig sind, damit sie getröstet werden. Sende das Licht zu den Führungspersönlichkeiten der Erde, damit ihre Entscheidungen von der Liebe getragen werden.

Nimm jetzt deine Hände über deinem Kronenchakra zusammen und lasse das Licht in deine Aura einfließen, so

*daß dich das Licht wie ein schützender Mantel umgibt.
Sage dir:*
ICH BIN das Licht.
ICH BIN das Licht.
ICH BIN das Licht.
Spüre, wie dieses Licht dich energetisiert. Fühle die Liebe in dir.
Wisse: Du bist ein Lichtbote und trägst das Licht zu deinen Schwestern und Brüdern.

Da wir uns in einer Zeit der Umwandlung befinden, gibt es für uns Menschen viele Lektionen zu lernen und Altes, längst Überholtes loszulassen.

Unsere Seele drängt uns zur Erfüllung unserer kosmischen Aufgabe. Sie möchte ihre göttliche Funktion wieder übernehmen und erlöst werden von den Illusionen des Intellekts und den materiellen Verhaftungen. Sie möchte die Illusionen ablegen und ihre Wahrheit leben.

Das Wichtigste ist, daß wir unsere Göttlichkeit wiedererkennen und sie zum Ausdruck bringen. Für jeden Menschen ist es unumgänglich, den Gott und die Göttin in sich zu finden. Gott ist das Urprinzip allen Seins und die Schöpferkraft in uns. Gott ist Liebe, und Liebe ist die Essenz des Kosmos.

Auch wenn wir uns durch viele Jahrtausende von Gott abgewandt und in Utopien verloren haben, jetzt ist die Zeit gekommen, in der mehr und mehr Menschen in die göttliche Einheit zurückfinden werden. Das Wassermannzeitalter kündigt eine völlige geistige Umwandlung an.

Buddha hat gesagt:

„Im Denken ruht des Schicksals Saat."

Das Denken der Menschen muß eine Reinigung erfahren. Es muß von der göttlichen Weisheit durchdrungen werden. Aus Liebe, nicht aus leblosem Dogmatismus. Die Menschen müssen aus der Unwissenheit herauskommen.

Wenn du deine Göttlichkeit anerkennst und sie lebst, wirst du durch dein Beispiel andere Menschen inspirieren, nach innen zu schauen, um den Gott in sich zu finden. Durch dein Beispiel kannst du anderen suchenden Menschen helfen, die Wahrheit in sich zu finden. Dies ist der beste Weg, die Menschen auf den spirituellen Weg zu führen und ihnen ihre Göttlichkeit bewußt zu machen. Die allumfassende Liebe ist die Erlösung für dich und alle Menschen.

Dies ist eine wunderbare Aufgabe. Finde dich selbst. Betrachte dich mit Liebe und du wirst deine ganze Schönheit entdecken. Freue dich und komme in die pulsierende, göttliche Schwingung hinein.

Du bist ein strahlendes göttliches Wesen. Nutze deine Schöpferkraft. Glaube an sie. Du erschaffst über deine Gedanken. Nutze sie schöpferisch. Du wirst gebraucht. Gott braucht dich. Er möchte sich durch dich manifestieren. Alles Wissen liegt in dir. Meditiere regelmäßig, damit du es dir zueigen machst. Nutze dein Wissen weise und voller Liebe zum Wohle aller Menschen.

Erschaffe dir eine Vision der Erde, wo die Liebe wieder

fließen und Frieden herrschen kann. Denke immer daran, die Transformation der Welt beginnt in dir, in deinem eigenen Herzen.

Möglicherweise mußt du dich erst langsam an diesen Gedanken gewöhnen. Je mehr du dich einläßt auf den Gottesweg und deine Schöpferkraft lebst, desto leichter wird dein Leben werden.

Wenn du in die Stille gehst und dich in die Meditation versenkst, kannst du Gott jede Frage stellen. Er wird dir antworten, wenn du bereit bist, ihm zuzuhören.

Während ich dieses Buch schreibe, habe ich einige spirituelle Meditations-CDs herausgebracht, die es dir ermöglichen, mit Gott in Verbindung zu treten und seine Botschaften zu hören. Gott möchte mit dir kommunizieren. Er ist immer in dir und wartet geduldig und voller Liebe darauf, daß du dich ihm zuwendest. Seine Botschaft kommt zu dir als das gedankenfließende Wort. Gott ist reiner Geist. Er übermittelt dir seine Botschaft auf rein geistiger Ebene.

Zu früheren Zeiten glaubten die Menschen, daß Gott nur zu einigen Auserwählten sprechen würde.

Gottes Geist ist in jedem Menschen, und er wartet nur darauf, daß du dich für ihn öffnest. Laß ihn die Führung in deinem Leben übernehmen.

Die Antwort Gottes auf deine Frage kann auch über ein Gefühl kommen. Am Anfang wird es vielleicht etwas schwierig sein, die Botschaften Gottes von deinen Gedanken zu unterscheiden. Mit wachsender Erfahrung wird es leichter werden.

Erhältst du eine Gottesbotschaft, ist ein tiefer innerer Friede in dir und du weißt, daß es richtig ist. Eine große Freude und Liebe ist in dir. Fühlst du dich unruhig und hegst große Zweifel, überprüfe die Quelle, bevor du etwas ausführst, was dir nicht richtig erscheint.

Gott wird nie Zwang auf dich ausüben. Wenn er dich um etwas bittet, liegt es bei dir, ob du seiner Bitte entsprechen möchtest oder nicht. Er wird niemals in deinen freien Willen eingreifen. Er wendet sich auch nicht von dir ab, wenn du seiner Bitte nicht nachkommst. Er wird liebevoll und geduldig warten, bis du bereit bist. Bedenke stets: Alles geschieht zu deinem Besten.

Du selbst bestimmst den Zeitpunkt und die Geschwindigkeit deiner Entwicklung, niemand sonst. Sei nicht ungeduldig oder verurteile dich, wenn du deiner Meinung nach keine schnellen Fortschritte machst. Eine Entwicklung, die Schritt für Schritt erfolgt, ist viel beständiger.

Bedenke auch, daß jeder Mensch mit einem anderen Entwicklungspotential auf diese Welt kommt. So kann jede Seele ihre Entwicklung nur in der ihr gemäßen Zeit machen. Übe dich in Geduld mit dir und deinen Mitmenschen.

Lerne, deiner Intuition zu vertrauen. Vertraue den Botschaften deines Hohen Selbst. Je mehr du lernst, dir zu vertrauen und das Licht und die Liebe, die du in dir trägst, auszusenden, desto sicherer wirst du.

In deinem Innern leuchtet ein reines Licht, tauche tief hinab in das Innere dieses Lichtes. Sei das Licht. Tauche ein in die Stille und sende das Licht in das ganze Weltall aus. Sei dir bewußt, daß du das Licht bist, das in der Welt leuchtet, um die Welt zu erlösen.

Sei bereit, den Christus in dir zum Ausdruck zu bringen. Höre auf die Stimme Gottes in dir. Er möchte dir seine Liebe und seine Fülle geben. Nimm sie an. Nur wenn du erkennst, daß du wahrhaft göttlich bist, kannst du in allen Menschen das Göttliche erkennen.

Den Christus zu offenbaren, ist das letztendliche Ziel eines jeden Menschen. Christus ist die reine Liebe in jeder Seele. Ihn zum Ausdruck zu bringen, vereint uns mit dem ganzen All, bringt uns in das All-eins-sein.

Bitte Gott, dir zu helfen, den Christus zu offenbaren. Bitte um Hilfe, die Liebe leben und der Freude Ausdruck verleihen zu können. Ohne die Freude gibt es keine Liebe. Die Freude ist deine stärkste Energiequelle. Trenne dich nicht davon ab.

Freude

Was ist Freude? Ramtha hat es so beschrieben:
„Freude ist die Freiheit, sich zu bewegen, ohne unterbrochen zu werden.
Und die Freiheit, sich auszudrücken, ohne daß darüber geurteilt wird.
Und die Freiheit, ohne Angst und Schuldgefühle zu sein.
Freude bedeutet zu wissen, daß wir das Leben nach unseren Vorstellungen schaffen.
Es ist die erhabene Bewegung des freigelassenen Selbst.
Freude ist der großartigste Daseinszustand.
Denn wenn wir im Zustand der Freude sind, sind wir im Fluß dessen, was Gott ist.
Wir werden die große Schönheit und das wunderbare Geheimnis unseres Seins erfahren und verstehen.
Wenn wir glücklich und voller Freude sind, lieben wir Gott und sehen ihn in allen Dingen.
Im Zustand überschäumender Freude sind wir erfüllt und vollständig.

*Leben, Weisheit und Kreativität fließen wie ein mächtiger Strom durch unser Sein.
Im Zustand der Freude sind wir auf höchste Weise inspiriert und können am tiefsten fühlen.
Es gibt im Leben keinen höheren Sinn, als für die Liebe und die Erfüllung des Selbst zu leben.
Denn nur aus dieser Umarmung des Selbst kann Freiheit existieren.
Und aus dieser Freiheit wird die Freude geboren.*

Die Freude ist in dir und wartet darauf, daß sie sich durch dich ausdrücken kann. Sie möchte sich dir und allen Menschen durch dich offenbaren. Glück und Freude sind dein göttliches Erbe. Gott möchte seine Kinder glücklich und voller Freude sehen. Glück und Freude können nur Hand in Hand mit der Liebe gehen. Gott ist Freude, also bist du es auch. Sage dir immer wieder:

ICH BIN FREUDE.
ICH BIN FREUDE.
ICH BIN FREUDE.

Spüre diese Freude in dir. Lasse sie dein ganzes Sein durchfluten. Lasse sie grenzenlos werden und sich auf alle Menschen ausdehnen. Sei ein Bote der Freude. Halte die Vision in deinem Bewußtsein, daß alle Menschen in der Freude sind. Stelle dir vor, wie ein orangefarbenes Licht der Freude zu allen Menschen strömt und in ihren Herzen die Freude entzündet, wie mit einer Fackel.

Bitte Gott darum, den Menschen zu helfen, wieder in ihr natürliches Erbe der Freude hineinkommen zu können. Freude ist Kreativität und schöpferischer Ausdruck. Das Wassermannzeitalter wird ein schöpferisches Zeitalter sein. Freude ist Leidenschaft und Nähe. Es ist wichtig, in unsere Beziehungen die Freude wieder einkehren zu lassen. Freude ist der spielerische Aspekt in uns. Freude ist die Lebendigkeit des Herzens. Öffne dein Herz wie ein kleines Kind, und die Freude, die du suchst, wird dir zuteil werden.

Viele Menschen glauben, die Umstände müßten sich verändern, damit sie Freude haben können. Freude aber muß von innen kommen, damit sie das Außen durchdringen kann. Wahre Freude entsteht dann in uns, wenn wir unsere Göttlichkeit leben.

Freude ist Erfüllung. Wenn wir in der Freude sind, ist in uns keine Leere, da wir von ihr erfüllt sind. Sei bereit für einen Quantensprung in die Freude. Die Vision Gottes für den ganzen Kosmos ist Freude.

Laß jeden Tag voller Freude beginnen. Begrüße ihn mit einem Lächeln. Lasse den heutigen Tag den Beginn für ein neues Leben sein, ein Leben in Freude.

Erfreue dich an einem Sonnenaufgang. Lausche dem Zwitschern der Vögel und sieh den bunten Schmetterlingen zu. Höre das Rauschen des Meeres und erfreue dich am Sternenhimmel über dir. Freue dich über die Stille und Harmonie in dir. All dies ist Freude, all dies ist Gott.

Deine strahlende Freude wird die Freude in deinen Brüdern und Schwestern erwecken. Gib dich der Freude ganz hin, lasse sie dein ganzes Sein durchfluten.

Das Geheimnis göttlicher Magie offenbart sich in der Freude. Der göttliche Funke in der Seele ist Freude und wartet darauf, sich zu verschwenden und über das ganze Universum auszubreiten. Es ist von großer Wichtigkeit, das Weltbewußtsein mit Freude zu überfluten.

Freude und Liebe sind notwendig, um unseren Lichtkörper zu entwickeln und unsere Schwingung dauerhaft zu erhöhen.

Wenn wir auf der Erde die Liebe und Freude leben, bauen wir uns einen Seelentempel voller Liebe und Freude. Entsprechend dieser Schwingung bauen wir uns auch unser Heim in der geistigen Welt.

Die Chakren

Die Chakren sind Energieräder innerhalb unseres Körpers. Das Wort „Chakra" kommt aus dem Sanskrit und bedeutet Rad. Diese Räder drehen sich unaufhörlich nach einer ganz bestimmten energetischen Ordnung. Sie spielen eine große Rolle, und daher ist es wichtig, ihre Funktion und ihren direkten Einfluß auf unsere körperliche und seelische Gesundheit zu kennen.

Die kosmische Energie, in östlichen Kulturkreisen auch Prana oder Chi genannt, wird durch die Chakren in die Bioenergie des Körpers umgewandelt. Sie gehören zu unserem Ätherkörper, der ein feinstoffliches Doppel zu unserem physischen Körper darstellt. Während unseres ganzen Lebens sind diese beiden Körper eng miteinander verbunden. Wenn wir schlafen, verläßt unser Ätherkörper den physischen Körper durch das Kronenchakra. Die zwei Körper sind dann mit einem energetischen Band, der Silberschnur, verbunden. Beim physischen Tod eines Menschen wird die Silberschnur durchtrennt, und wir leben in unserem Ätherkörper weiter.

Die Chakren versorgen alle Organe und Organsysteme mit Energie. Sie sind wie kleine Transformatoren, die die göttliche Energie für den physischen Körper transformieren. Durch unser Denken können wir die Chakren beeinflussen, die sehr stark auf unsere gedanklichen Impulse reagieren. Ständiges negatives Denken blockiert unsere Chakren. Hat ein Chakra nicht genug Energie, haben auch alle Organe, die eine Entsprechung zu diesem Chakra haben, ein Energiedefizit. Dadurch kommt es im physischen Körper zu Störungen.

Groll, den wir verdrängt haben, blockiert die Energie der entsprechenden Chakren. Jedes Chakra hat sowohl körperliche wie auch seelisch-geistige und spirituelle Entsprechungen. Sie werden auch oft „die Fenster der Seele genannt."

Verraten oder verdrängen wir unsere seelischen Bedürfnisse, hat dieses immer eine Blockierung eines oder mehrerer Chakren zur Folge. Verstoßen wir gegen die geistigen Gesetze, rauben wir dem Chakra, das den geistigen Gesetzen zugeordnet ist, die Energie.

Die Chakren liegen innerhalb des Körpers, der Wirbelsäule vorgelagert. Sie sind wie kleine Lotusblüten, die mit ihrem Stiel ins Rückenmark einmünden. Nur das erste Chakra liegt etwas außerhalb des Körpers zwischen Scheide bzw. Hoden und Anus. Man könnte auch sagen, es liegt am unteren Ende des Steißbeins. Alle Chakren sind energetisch miteinander verbunden.

Jedes Chakra hat eine Entsprechung zur geistigen, seelischen und körperlichen Ebene. Tritt auf einer dieser Ebenen eine Störung auf, finden wir auch im entsprechenden

Chakra eine Störung, die sich dann auf der körperlichen Ebene manifestiert. So ist es für dich von großer Wichtigkeit, daß die Chakren stets ausbalanciert und ausreichend mit Energie versorgt sind.

Jedem Chakra sind bestimmte Geisteskräfte zugeordnet. Diese waren bereits den Heilern in Atlantis und im alten Ägypten bekannt. Dort waren sie allerdings nur den Eingeweihten zugänglich. Sie sind über die Jahrhunderte hinweg erhalten geblieben und haben auch heute noch ihre Gültigkeit. Ein dauernder Verstoß gegen diese geistigen Gesetze hat verschiedene Krankheiten zur Folge. In meinem Buch „*Heilen mit der Christuskraft*" habe ich die Zuordnungen der Geisteskräfte zu den einzelnen Chakren genau beschrieben.

Jeder gute Geistheiler wird die Kenntnis der Chakren und ihre Zuordnungen zu den einzelnen Organen und den geistig-seelischen Aspekten zur Diagnosefindung und zur Heilung nutzen.

Ich beobachte immer wieder, besonders in esoterischen Kreisen, daß die Menschen die unteren Chakren negieren und nur aus den oberen Chakren heraus leben wollen. Dadurch verlieren sie die Erdung und „schweben" sozusagen durch ihr Leben und wundern sich dann, daß sie nicht genügend Energie haben. Manche Menschen verlieren dadurch auch den Bezug zur Realität. Dann haben die Organe, die zu den unteren Chakren gehören, nicht genügend Energie und werden mit der Zeit krank.

Jedem Chakra wird eine bestimmte Farbe zugeordnet, die für seine Aktivierung und die geistige Heilung wichtig ist. In meinem Buch „*Heilen mit der Christuskraft*" findest du die körperlichen, seelischen und geistigen Zuordnungen der einzelnen Chakren genau beschrieben.

Es ist von großer Wichtigkeit, die Chakren stets in der richtigen Balance zu halten. Nur so können wir in innerer Harmonie leben, unseren Lichtkörper mehr und mehr entwickeln und somit unsere gesamte Schwingungsfrequenz anheben.

Das erste Chakra hält uns in guter Erdung. Es ist das Überlebenschakra. Gerade bei Menschen, die viel mit hohen Energien arbeiten, ist es wichtig, dieses Chakra immer gut aufzuladen. In der Natur hat auch der Baum die größte Krone, der die tiefsten und breitesten Wurzeln hat. So ist das erste Chakra eng mit dem Kronenchakra verbunden. Lade es mit rotem Licht auf und fühle, wie die rote Energie dieses Chakra aktiviert. Bitte den roten Strahl der Christusenergie, dir zu helfen, in deine eigene Kraft hineinzukommen. Jesus ist der Hüter dieses Strahls.

Das zweite Chakra ist das Chakra der Lebensfreude. Es ist das Chakra der Assimilation. Lasse die Schmerzen der Vergangenheit los und komme in die Lebensfreude hinein. Lade dieses Chakra mit orangefarbenem Licht auf. Spüre, wie die reine Freude dein ganzes Sein durchdringt. Lasse das orangefarbe Licht in alle deine Energiekörper fließen. Das zweite Chakra erhöht deine Kreativität, wenn es voller Energie ist. Verbinde dich mit der Freude in deiner Seele und strahle sie nach außen aus.

Das dritte Chakra, der Solarplexus, ist das Chakra der Ruhe und Klarheit. Aktiviere dieses Chakra mit einem leuchtend hellgelben Licht und spüre, wie eine tiefe Ruhe in dich einkehrt. Das gelbe Licht stärkt deine Konzentrationsfähigkeit. Es bringt dich mit deinem wahren Wesen in Kontakt. Bitte den Aufgestiegenen Meister Lord Ku-thumi, dir zu helfen, in deine eigene Klarheit hineinzuwachsen und aus der Beurteilung herauszufinden. Bitte ihn, dir zu zeigen, wie du zu einer tiefen Klarheit und Ruhe gelangen kannst.

Das vierte Chakra, das Herzchakra, ist das Chakra der Liebe. Wir Menschen müssen alle unser Herzchakra mehr entwickeln. Dies wird uns zu mehr Liebe und Mitgefühl führen. Lade dein Herzchakra mit grünem und rosa Licht auf. Verbinde dich bewußt mit der Liebe in dir und strahle sie ins Außen aus. Bitte die Christusenergie, dir zu helfen, dein Herz zu öffnen und dein Herzchakra zu entwickeln. Du kannst auch Lady Nada, die Hüterin des rosa Strahls, bitten, dich mit ihrer Liebesenergie zu unterstützen. Sie ist eng mit Maria, dem weiblichen Aspekt Gottes, dem Mütterlichen, verbunden. Maria hilft uns, in die selbstlose Liebe zu gelangen.

Das fünfte Chakra, das Kehlkopfchakra, ist das Kommunikations-Chakra. Lade es mit einem strahlend hellblauen Licht auf. Dieses Licht hilft dir, in die Kommunikationsbereitschaft hineinzufinden. Stelle dir einen strahlend blauen Sommerhimmel vor, der sich in einem kristallklaren See spiegelt. Spüre den tiefen Frieden in dir. Bitte El Morya, den Hüter des hellblauen Strahls, dir zu helfen, in den inneren Frieden und in die göttliche Kommunikation hineinzukommen. Vertraue darauf, daß du stets die rechten Worte findest, die deine Seele sprechen möchte. Hab Mut zur Kommunikation.

Das sechste Chakra, das dritte Auge, ist das Chakra des Verstehens. Lade es mit einem indigofarbenen Licht auf, das dich in ein göttliches Verstehen hineinbringt. Es führt dich zu einer kosmischen Schau. Je besser dieses Chakra in der Balance ist, desto mehr kannst du aus den unsichtbaren Welten wahrnehmen. Schaue in ein indigofarbenes Firmament mit unzähligen Sternen darin und verbinde dich mit ihnen. Greife in deiner Vorstellung nach den Sternen und ziehe ihr Licht zu dir herunter, zu dem Stern in deiner Seele. Bei diesem Chakra kannst du die Christusenergie oder auch Saint Germain anrufen und die Meister bitten, dir zu helfen, in das göttliche Verstehen hineinzukommen.

Das siebente Chakra ist das Kronenchakra, das dich mit den hohen geistigen Ebenen verbindet. Lade es mit einem strahlend violetten Licht auf. Es verbindet dich mit Gott und bringt dich in die Einheit mit ihm. Du kannst auch Saint Germain, den Hüter des violetten Strahls, bitten, dir zu helfen, dein Kronenchakra zu entwickeln. Je weiter deine geistige Entwicklung voranschreitet, desto mehr Blätter des tausendblättrigen Lotus werden sich öffnen. Saint Germain wird dich gerne dabei unterstützen und dir sein heilendes, verbindendes violettes Licht zur Verfügung stellen.

Oberhalb des siebten Chakra liegen über dem Kopf weitere fünf Chakren, die von den Menschen mehr und mehr entwickelt werden. Es sind Chakren, die die spirituelle Energie aus den hohen Lichtdimensionen zu den Menschen herunterleiten. Du kannst dich über das weiße Christuslicht auf sie einschwingen. Denke dabei:

ICH BIN die göttliche Gegenwart, die all meine Energiekörper mit Licht und Liebe auflädt.

Mache diese Übungen täglich. Du findest auch in meinen anderen Büchern und auf den CDs Übungen zur Chakraharmonisierung.

Entwickle deinen Lichtkörper

𝒰m den Anforderungen des neuen Jahrtausends gerecht zu werden, ist es notwendig, unseren Lichtkörper zu entwickeln. Der Lichtkörper hat alle Facetten unserer multidimensionalen Persönlichkeit gespeichert. Durch bestimmte Übungen ist es möglich, die molekulare Struktur unserer Zellen zu verändern und sie an die schnelleren Schwingungen anzupassen. Der physische Körper ist aktiv an der Entwicklung des Lichtkörpers beteiligt. Wir Menschen müssen mit der feinstofflicheren, kosmischen Energie, die zur Erde gesandt wird, mitschwingen. Wir bekommen diese Energien aus den hohen Lichtdimensionen, damit wir uns schneller entwickeln und uns wieder mit der Quelle allen Seins verbinden können. Unser spiritueller Lichtkörper ist in der Lage, über Lichtfäden Kontakt mit den höchsten Dimensionen aufzunehmen. Hierdurch können wir uns das kosmische Wissen und die kosmische Kraft zu eigen machen. Da unser Lichtkörper energetisch mit unseren anderen Körpern verbunden ist, kann er die empfangenen Informationen weiterleiten und sie durch unser Gehirn transformieren. Hierdurch gelangen wir mit der Zeit zu einem immer größeren spirituellen Verständnis. Dadurch wird eine Schwingungsveränderung auf allen Ebenen unseres Seins erreicht. Durch die erhöhte Schwingungsfrequenz wird sich unser Körper verjüngen und unsere Gehirnkapazität erweitern. Im Augenblick nutzen wir nur einen kleinen Teil unserer Gehirnkapazität.

Auf diese Weise werden wir den Anforderungen des geistigen Zeitalters besser gerecht. Wir werden unser Bewußtsein mehr und mehr erweitern und dadurch in der Lage sein, Botschaften aus den hohen Lichtdimensionen zu empfangen. Wir werden uns mit der kosmischen Energie verbinden und uns den schnelleren Schwingungen leichter anpassen können. Wir werden uns erinnern, wer wir in Wahrheit sind: Schöpfer unserer eigenen, göttlichen Realität; Lichtboten und Lichtträger, die zu dieser Zeit auf der Erde inkarniert sind, um bei der globalen Transformation mitzuhelfen. Dies ist eine heilige Aufgabe. Sie verlangt unsere ganze Hingabe und unseren ganzen Einsatz. Indem wir unsere Schöpferkraft wieder anerkennen, erschaffen wir eine neue Welt voller Licht und Liebe. Alle Erkenntnisse, die wir auf unserem spirituellen Weg benötigen, werden uns zuteil, wenn wir darum bitten und dazu bereit sind. Die Aufgestiegenen Meister helfen uns, diesen Entwicklungsprozeß zu beschleunigen.

Es wird eine Vereinigung von Himmel und Erde geben. Die Energien des Kosmos strömen seit einiger Zeit vermehrt zur Erde, und die Erdenergien dehnen sich in den Kosmos aus. Es gibt keine Trennung, alles ist fließend und schwingt miteinander. Durch unsere Lichtarbeit schaffen wir eine Vision der Liebe, des Lichts und der Freude.

Mit entsprechenden Lichtübungen können wir unsere

DNA von alten Mustern und mentalen Verschmutzungen reinigen. Diese sind nicht nur in diesem, sondern bereits in vorigen Leben entstanden. Durch die Lichtübungen werden wir innerlich klarer und offener. Die Kanäle zum kosmischen Bewußtsein werden freigelegt. Wir können das nicht allein, wir brauchen dazu die Hilfe aus der geistigen Welt. Viele Menschen werden nachts im Schlaf geschult und ihre Energie wird angehoben. Es ist notwendig, daß wir unsere Bereitschaft zur schnelleren Entwicklung kundtun und um Hilfe bei der Entwicklung unseres Lichtkörpers bitten. Es ist unsere Wahl, ob wir an der planetarischen Veränderung teilnehmen wollen oder nicht. Wir erklären unser Einverständnis, und die geistige Welt hilft uns.

Daß der Entwicklungsprozeß des Lichtkörpers begonnen hat, merken wir an der Veränderung der Energien, die durch unseren Körper fließen. Dort, wo Stauungen und Energieblockaden im physischen Körper sind, kann es zu Schmerzen kommen, die sich aber mit Hilfe der Geistheilung schnell auflösen lassen.

Wichtig ist, die Klärung der einzelnen Körpersysteme in den Entwicklungsprozeß mit einzubeziehen. Sowohl geistige wie körperliche Schlacken müssen ausgeschieden werden. Es kann sein, daß mehr Wärme durch unser Energiesystem fließt. Manche Menschen bekommen auch einen schnelleren Pulsschlag. Wir müssen lernen, diese Symptome als Klärungs - und Wandlungsprozesse zu erkennen und anzunehmen. Unser Körper offenbart uns seine Bedürfnisse, und es ist wichtig, darauf zu achten. Viele Menschen schlafen weniger, andere haben ein größeres Schlafbedürfnis. Auch dies kann innerhalb des Entwicklungsprozesses durchaus wechseln.

Solltest du diese Symptome an dir bemerken, erkenne sie als Entwicklungsprozeß. Greife nicht zu Tabletten. Die Bachblüten können dir helfen, über diese Wachstumsprozesse leichter hinwegzukommen. Gönne dir die nötigen Ruhepausen und höre auf deine Intuition. Sie wird dich leiten. Regelmäßige Meditationen sollten deine Entwicklungsprozesse unterstützen.

Auf der physischen Ebene ist es wichtig, Nahrung zu dir zu nehmen, die alte Schlacken herausbringt. Eine Fasten - oder Mayrkur kann die Loslösung alter Gifte unterstützen. Diese Kuren sollten aber niemals ohne einen Arzt oder Heilpraktiker durchgeführt werden.

Auch das Trinken von abgekochtem, heißem Wasser bringt die wasserlöslichen Giftstoffe heraus. Trinke jeden Morgen einen Liter zehn Minuten gekochtes Wasser über den Vormittag verteilt. Ansonsten solltest du mindestens zwei Liter reines Wasser trinken. Am besten energetisierst du es mit der ICH BIN - Kraft. Halte deine rechte Hand über das Wasser und sage:

ICH BIN die segnende göttliche Gegenwart, die dieses Wasser neutralisiert und alle Schadstoffe für mich entfernt.

ICH BIN die heilende göttliche Gegenwart, die das Wasser energetisiert, so daß mein ganzer Körper von der göttlichen Energie durchdrungen wird.

Trinke dann das Wasser und spüre den belebenden Effekt.

Nutze auch das klärende Wasserelement zu öfterem Duschen und zu energetisierenden Bädern. Verfahre hier genauso. Energetisiere dein Badewasser mit der ICH BIN - Kraft. Beim Duschen kannst du dir vorstellen, wie das Wasser all deine Energiekörper reinigt und klärt. Du kannst dir das Wasser auch als Lichtdusche vorstellen. Verwende auch hier das violette Licht zur Reinigung. Wenn du ans Meer fahren kannst, hilft dir die Energie des Meeres, auf eine höhere körperliche Schwingung zu kommen.

Jede Seele wird diese Entwicklungsprozesse anders erleben. Bei manchen werden die Prozesse leichter ablaufen, bei anderen werden sie etwas schwerer sein.

Je mehr du in der Lage bist, die hohen Dimensionen des Lichts mit in deinen Entwicklungsprozeß des Lichtkörpers mit einzubeziehen, desto leichter wird es dir fallen. In der Stille der Meditation kannst du dich mit ihnen verbinden. Später wirst du es dann auch in deinem Alltag tun können. Lasse es geschehen und gib dich dem Evolutionsprozeß hin. Überlasse die Führung deinem Hohen Selbst, es wird dir die nötige Hilfe zuführen. Denke immer daran: Deine Entwicklung hilft über das Kollektivbewußtsein auch anderen Menschen. Je mehr Licht du in dir siehst und aussendest, desto strahlender und lichter wird deine Aura. Sie wird in ihrer Einzigartigkeit erstrahlen, in immer leuchtenderen Farben. Auch farbiges Licht kann zur Anhebung der Lichtkörperfrequenz verwendet werden. Du findest in diesem Buch eine Meditation, die du regelmäßig machen kannst.

Während des Entwicklungsprozesses haben manche Menschen das Gefühl, daß sie ihre linke und rechte Gehirnhälfte nicht in der Balance haben. Es ist für uns ganz wichtig, die beiden Gehirnhälften im Ausgleich zu halten. Lange Zeit haben wir nur die linke, verstandesorientierte Gehirnhälfte eingesetzt. Beim Neuorientieren und Integrieren der rechten Gehirnhälfte kann es vorübergehend zu Schwindel oder Vergeßlichkeit kommen.

Mehr und mehr Menschen interessieren sich für den Kontakt mit der geistigen Welt. Sie sehnen sich nach dem Licht aus den feinstofflichen Dimensionen.

Durch die Vereinigung der Energien werden die Menschen, die sich damit beschäftigen, immer sensibler und sensitiver. Sie beginnen sich für geistige Heilung zu interessieren und diese zu erlernen. Sie achten auf die Botschaften der Seele und hören auf die innere Stimme. Die Freude nimmt in ihrem Leben immer mehr Raum ein. Die Menschen erkennen, zu welchen Archetypen der Seele sie gehören und leben dieses Potential. Geistige Familien werden vom Kosmos zusammengeführt, um gemeinsam an der globalen Transformation zu wirken.

Eine sehr wirkungsvolle Übung ist das OM-Singen. In der Ursprache heißt es A-U-M. Es enthält alle Vokale des Sanskrit und aktiviert beim Singen unsere Chakren. Es bringt sie zum Schwingen. Das AUM ist der Urname Gottes. Singst du es, schwingt in dir die Vibration des Allerhöchsten. Ich singe es oft mit meinen Gruppen, und jede Teilnehmerin und jeder Teilnehmer fühlt sich dadurch auf eine andere Bewußtseinsebene erhoben. Das gesungene

AUM energetisiert den ganzen Menschen, bis in die kleinste Zelle. Es ist eine sehr machtvolle Übung, die von uns täglich ausgeführt werden sollte. Probiere es aus und mache deine eigenen Erfahrungen.

Gott ist Licht in höchster Schwingung und reinster Form. Wenn du dich mit dem Gott in dir vereinst, bist auch du Licht in reinster Form und höchster Schwingung.

Stelle dir vor, wie du dich in eine weiße Lichtsäule stellst, die hinaufreicht bis zum Gottesbewußtsein. Nimm dieses Licht auf, werde ganz eins mit ihm. Lasse das göttliche Licht bis in das kleinste Atom deiner Zellen fließen, atme es ein. Spüre, wie du immer lichter und leichter wirst. Wenn du ganz eins mit dem Licht geworden bist, lasse es aus dir herausströmen und hülle alle Menschen, alles Beseelte, die Natur und die ganze Erde darin ein. Sieh, wie diese kosmischen Lichtschwingungen das ganze All durchdringen. Dieses göttliche Licht wird die Dunkelheit erhellen. Mit dem Licht, das gleichzeitig Informationen weiterleitet, sende die Liebe aus. Hülle den ganzen Kosmos in Liebe ein. Spüre die Liebe in dir und wisse, daß du Liebe bist, eins mit Gott.

Lichtkörpermeditation:

Setze dich an einen ruhigen Ort, an dem du dich ganz geborgen fühlst. Sorge dafür, daß du nicht gestört wirst. Eine ruhige Musik wird dich während deiner Meditation begleiten.

Bitte um Schutz während der Meditation und bitte dein Hohes Selbst, dir behilflich zu sein, deinen Lichtkörper zu entwickeln. Sitze aufrecht und stelle deine Füße nebeneinander auf den Boden. Deine Hände liegen locker im Schoß.

Beginne nun langsam und tief ein und auszuatmen. Beruhige dich über deinen Atem. Beobachte ihn eine Weile. Laß alle Gedanken, die zu dir kommen, einfach wieder ziehen, wie die Wolken am Himmel. Stell dir vor, daß aus deinen Füßen dicke Wurzeln wachsen, wie bei einem Baum. Schicke nun die Wurzeln tief und breit in die Erde hinein und verankere sie dort ganz fest. Sei mit deinem Bewußtsein ganz in deinen Füßen und lasse mit jedem Atemzug die Wurzeln stärker werden. Spüre die Verbindung mit der Erde. Sende der Erde einige liebevolle Gedanken und danke der Mutter Erde für ihre Liebe.

Stelle dir nun vor, du gehst hinaus in ein wunderschönes Mohnfeld. Soweit dein Auge reicht, ist alles voller roter Mohnblumen, die sich leicht im Wind wiegen. Absorbiere diese Energie der roten Farbe mit deinem ersten Chakra. Spüre, wie dein ganzer Körper energetisiert wird. Durch deine Füße und dein erstes Chakra fließt die Energie der Kraft in all deine Zellen hinein.

Wandere nun weiter, bis du zu einem wunderschönen Orangenhain kommst. Soweit das Auge reicht, siehst du Orangenfelder. Du riechst den Duft der Orangen und spürst in deinen Händen ihre Schalen. Absorbiere die orangefarbene Energie mit deinem zweiten Chakra. Spüre, wie die Energie der Freude dein ganzes Sein durchdringt. Deine Energie wird immer leichter und fröhlicher.

Wenn du weitergehst, kommst du zu riesigen Feldern mit Sonnenblumen, die dir ihre leuchtend gelben Blütenköpfe entgegenstrecken. Sie vermitteln dir die Energie der Klarheit und Ruhe, die du mit deinem Solarplexus, dem dritten Chakra, absorbierst. Alles in dir ist still und klar, wie ein Bergsee.

Vor dir siehst du einen wunderschönen grünen Rasen, auf dem kleine rosa Blumen wachsen. Gehe auf das grüne Gras und spüre, wie dein Herzchakra die grüne und die rosa Energie absorbiert und eine unendliche Liebe in dich hineinfließt. Dein Herzchakra wird ganz weit. Die Liebe hat nur einen Wunsch, sie möchte sich in dein ganzes Sein erstrecken und auf alles ausdehnen. Lasse die Energie der Liebe fließen.

Wandere weiter, bis du zu einem kleinen Bach kommst mit kristallklarem, hellblauem Wasser. Absorbiere diese hellblaue Energie mit deinem Halschakra. Spüre, wie es ganz klar und weit wird. Die hellblaue Energie fördert die göttliche Kommunikation in dir.

Über dir wölbt sich nun ein indigofarbenes Firmament mit unzähligen Sternen. Absorbiere diese dunkelblau-violette Energie mit deinem dritten Auge. Diese indigofarbene Energie bringt dich in ein göttliches Verstehen hinein.

Ein violetter Strahl kommt jetzt vom Himmel und hüllt dich ganz ein. Absorbiere diese Energie mit deinem Kronenchakra. Der violette Energiestrahl verbindet dich mit Gott und bringt dich in die göttliche Einheit hinein. Sieh, wie eine wunderschöne Lotusblume über deinem Kronenchakra erblüht.

Gehe jetzt weiter zu einem majestätischen Bergmassiv, das vor dir liegt. Ein goldener Lichtstrahl zeigt auf den Berg und hüllt ihn in ein magisches Licht. Während du näherkommst, siehst du, daß eine Höhle in den Berg hineinführt. Du fühlst dich unwiderstehlich angezogen von dieser Höhle. Tritt hier ein. Im Innern leuchten wunderschöne Amethyste in allen Farbschattierungen. Eine ungewöhnlich starke Strahlkraft geht von ihnen aus und hebt dein Bewußtsein an.

Ein Eremit empfängt dich hier. Er ist dein geistiger Lehrer und Berater. Unendliche Liebe und Güte gehen von ihm aus. Du hast das Gefühl, nach Hause zu kommen. Der Eremit weiß, daß du gekommen bist, um deinen Lichtkörper zu entwickeln. Er wird dir dabei helfen. Er führt dich zunächst zu einer violetten Lichtsäule. Tritt ein in diese Lichtsäule. Gib dich diesem reinigenden und klärenden Licht vollkommen hin. In diesem Licht wird alles von dir abfließen, was deiner spirituellen Entwicklung im Wege steht. Du kannst diesem Licht alles anvertrauen, was du loslassen möchtest.

Wenn es noch alten Groll in dir gibt, überlasse ihn der reinigenden Flamme der Vergebung. Bitte darum, daß all deine Energiekörper gereinigt werden. Wenn du das Gefühl hast, ganz geklärt zu sein, tritt wieder aus der violetten Lichtsäule heraus. Achte auf deine veränderten Gefühle. Auch deine Energie hat sich verändert.

Der Eremit begleitet dich nun zu einem gläsernen Fahrstuhl. Ihr tretet ein, und der Fahrstuhl fährt langsam nach oben. Er hält an, und ihr betretet einen großen, goldenen

Kuppelsaal. Ein wunderschönes goldenes Licht umfängt dich. Es ist das göttliche Licht.

Wenn du dich an das strahlend helle Licht gewöhnt hast, siehst du, daß hier viele Lichtwesen auf dich gewartet haben. Es sind die Aufgestiegenen Meister, die dir helfen möchten, deinen Lichtkörper zu entwickeln, damit du in eine höhere Bewußtseinsebene aufsteigen kannst.

Sie freuen sich über deine Gegenwart und heißen dich willkommen. Du fühlst dich von unendlicher Liebe und Güte umgeben, angenommen und geborgen. Begrüße sie zunächst einmal.

Die Aufgestiegenen Meister, die der „Großen Weißen Bruderschaft" angehören, sind die Hüter der heilenden Lichtfarbstrahlen. Sie wissen, welche Farbstrahlen du jetzt gerade brauchst, um heil zu werden und deinen Lichtkörper zu entwickeln. Begib dich unter die große Kuppel. Von dort wird das jeweilige Licht, das dir jetzt gut tut, herunterkommen.

Zuerst kommt eine riesige rosa Lichtsäule aus der Kuppel herunter. Verschmelze mit dem rosa Licht. Es ist das Licht der Liebe, das dich ganz einhüllt. Fühle, wie dein Herzchakra sich weitet und öffnet. Werde ganz eins mit der göttlichen Liebe, die sich dir jetzt offenbart. Höre auf die Botschaft, die dir in dem rosa Licht gegeben wird.

Nun wechselt das Licht in ein leuchtendes, weißes Christuslicht, das aus der Kuppel strahlt und dein ganzes Sein umfließt. Es durchflutet deinen Körper bis in die kleinste Zelle und aktiviert sie. Eine große Lebendigkeit breitet sich in dir aus.

Bitte den Christus in dir, hervorzutreten und sich dir zu offenbaren. Sieh das kostbare Juwel des leuchtenden Christus in dir. Verbinde dich mit ihm. Werde der Christus. Er ist die reine Liebe. Sende diese Liebe nun in alle deine Zellen, in alle Organe, Knochen, Muskeln und Sehnen. Sende deine Liebe aus zu allen Menschen, Tieren, der Natur und Mutter Erde. Hülle alles in die göttliche Liebe ein, die jetzt von dir ausgeht.

Bitte nun die Aufgestiegenen Meister, dir das Licht zu senden, das du brauchst, um deinen Lichtkörper zu entwickeln. Vielleicht kommen alle Farben des Regenbogens zu dir herunter oder nur einzelne. Genieße dieses Bad im Licht. Nimm es ganz in dich auf. Fühle dich geliebt und gestärkt. Fühle, wie all deine Energiekörper höher zu schwingen beginnen.

Wenn du bereit bist und das Licht über dir erloschen ist, bedanke dich bei den Meistern für ihre Hilfe.

Der Eremit geleitet dich zu dem gläsernen Aufzug, der dich wieder zum Fuße des Berges bringt. Wenn du dort angekommen bist, tritt wieder hinaus in die wunderschöne Landschaft. Die Farben erscheinen dir jetzt viel kräftiger und leuchtender. Bedanke dich bei dem Eremiten für seine Begleitung. Du kannst jederzeit wiederkommen. Er wird da sein und dir helfen, denn er ist dein weiser Lehrer und Berater.

Gehe noch ein wenig durch die blühende Landschaft und lasse das Erlebte in dir nachklingen. Wisse, du bist das Licht und Gottes geliebtes Kind.

Komme nun langsam in den Raum zurück, in dem du deine Meditation begonnen hast. Atme ein paarmal tief ein und aus. Komme mit jedem Atemzug wieder mehr und mehr in dein normales Tagesbewußtsein zurück. Recke dich und strecke dich. Nimm langsam deine Arme hoch und schüttele deine Hände aus. Sei wieder ganz im Hier und Jetzt.

Am besten schreibst du dir das Erlebte auf, damit dir die Erfahrung nicht verlorengeht. Wiederhole diese Meditation öfter. Sie wird dir helfen, deinen Lichtkörper zu entwickeln.

ICH BIN DER ICH BIN

*I*CH BIN DER ICH BIN ist der Name Gottes. Das ICH BIN ist die Kraft, die Liebe, die Weisheit, die Intelligenz, aus der alles erschaffen ist. Der göttliche Geist ist in dir. Er ist allgegenwärtig, allwissend und allmächtig. Dieses ICH BIN gilt es in uns zu entdecken und ins Außen zu manifestieren. Wir alle stehen unter dem Schutz der mächtigen ICH-BIN-KRAFT. Ohne diese alles aktivierende Kraft des Kosmos könnte nichts existieren. Wenn wir dieser mächtigen ICH-BIN-GEGENWART erlauben, in unserem Leben zu wirken, wird es uns an nichts mangeln. Wir müssen uns nur um eine ständige Verbundenheit bemühen. Vertraue dieser Kraft in dir, ruhe in ihr. Sie hat dich als vollkommenes Wesen erschaffen und weiß, was für dich das Beste ist. Sie möchte in und durch dich wirken. Rufe sie an, und sie wird augenblicklich wirken. Es ist wichtig, der ICH-BIN-KRAFT zu erlauben, in all deinen Angelegenheiten zu wirken. Beginne den Tag mit folgender Anrufung, die du dir am besten auf ein Blatt Papier schreibst und immer bei dir trägst:

Ich weiß, daß die ICH-BIN-KRAFT in mir ist, und ich verwende sie weise zum Wohle aller

Menschen. Gottes Liebe ist in mir, und ich nehme sie für mich an und gebe sie an alle Menschen weiter. Gottes Weisheit ist in mir, ich wende sie an und handle entsprechend. Das unendliche Wissen Gottes ist in mir. Ich verbinde mich mit ihm. Gottes Vergebung ist in mir. Ich nehme sie für mich an und dehne sie auf alle Menschen aus. Gott wirkt jetzt in all meinen Angelegenheiten, in meinem Körper und in meinem Geist. Meine Sehnsucht nach Liebe wird jetzt von Gott gestillt. ICH BIN vollkommen. Ich wünsche allen Menschen Liebe, Glück und Erfolg. Ich segne alle Menschen und übergebe sie ihrer göttlichen Bestimmung.

Du kannst dir sicher vorstellen, daß ein so begonnener Tag voller Frieden und Liebe sein muß. Wenn du während des Tages unruhig wirst oder Angst verspürst, ziehe dich an einen ruhigen Ort zurück und wiederhole die obigen Worte mit deinem ganzen Herzen. Wenn du dies über längere Zeit praktizierst, wirst du merken, wie sich dein Leben verändert. Alles wird leichter und spielerischer. Deine Ängste werden mit der Zeit immer geringer und eine große Liebe wird in dir entstehen. Diese bringt dir Frieden und Harmonie. Sie führt dich in die Freiheit. Sie leitet dich in Weisheit und verleiht dir unendliche Kraft. Sie läßt dich deine Vollkommenheit sehen.

Natürlich wird dein Verstand alle möglichen Gründe vorbringen, warum du gerade heute nicht friedlich und glücklich sein kannst, die rein äußerlich betrachtet durchaus logisch erscheinen mögen. Auf dem spirituellen Weg einer jeden Seele lauern vielerlei Gefahren. Darum gehe immer wieder in die Stille und verbinde dich mit Gott. Gott ist dein Selbst, und die Liebe ist der Ausdruck deines Selbst.

Genieße das wunderbare Geschenk deines Lebens. Erkenne, wie vollkommen und einzigartig du bist.

Erkenne deinen Wert und lebe die Fülle. Öffne dein Herz für die Fülle, die Gott dir geben möchte.

Lebe in der Gegenwart und genieße den Augenblick. Nur im gegenwärtigen Moment kannst du Liebe und Freude ausdrücken.

Mache aus jedem Tag einen besonderen Tag und genieße ihn. Lebe ihn in der Verbindung mit Gott, und es wird ein Tag voller Freude sein.

Achte auf deine Gedanken und die Aktivitäten deines Egos. Es ist schnell bereit, dich hinters Licht zu führen. Die Beherrschung der Gedanken ist ein wichtiger Schritt auf dem Wege der Vollkommenheit. Der nächste Schritt ist die Vereinigung der Gefühle und Gedanken. Zu Beginn deines spirituellen Pfades rebelliert das Ego oft heftig und versucht, mit allen ihm zur Verfügung stehenden Mitteln dich davon abzubringen. Wenn du dich auf den Weg zu deiner göttlichen Quelle begibst, fürchtet das Ego um sein System. Es hat Angst, seine Macht zu verlieren und dich nicht mehr manipulieren und kontrollieren zu können. Bejahst du bei den ersten Anzeichen deine ICH-BIN-GEGENWART, so wird das Problem schnell überwunden sein. Das

Problem dabei ist, daß es den meisten Menschen in einer Krise nicht mehr einfällt, weil sie so in den Klauen des Egos gefangen sind. Darum ist es wichtig für dich, die Bejahungen der ICH-BIN-KRAFT täglich zu wiederholen, damit sie in dein Unterbewußtsein einprogrammiert werden. Wenn dies geschehen ist, wirst du dich auch in Krisenzeiten daran erinnern und deine Gotteskraft anwenden können.

Segne täglich dein Haus oder deine Wohnung mit deiner ICH-BIN-KRAFT:

ICH BIN die beschützende, göttliche Gegenwart, die mein Haus, meine Wohnung und all meine Angelegenheiten segnet. Nur lichte Schwingungen durchfluten all meine Räume. In meinem Zuhause herrschen Liebe, Glück und ewiger Frieden.

Wenn du deine Wohnung verläßt, so sage stets:

ICH BIN die beschützende, göttliche Gegenwart, die meine Wohnung und alles, was drinnen ist, beschützt.

Das gleiche kannst du mit deinem Auto machen:

ICH BIN die beschützende, göttliche Gegenwart, die mein Auto und alles, was drinnen ist, beschützt.

Das sollte dich aber nicht dazu verleiten, leichtsinnig zu

sein und wertvolle Dinge offen im Auto liegenzulassen. Du bist trotzdem zur Sorgfalt aufgerufen.

Auf die gleiche Weise kannst du auch dein Essen neutralisieren. Halte beide Hände über deinen Teller und sage:

ICH BIN die befehlende göttliche Gegenwart, die dieses Essen neutralisiert, alle Schadstoffe entfernt und es für mich verträglich macht. Im Namen des Vaters, des Sohnes und des Heiligen Geistes. Amen

Schlage beim letzten Satz über deinen Teller ein gleichschenkliges Kreuz. Wenn du dies nicht laut sagen kannst, so denke es.

Ich habe schon viele ICH-BIN-Seminare gegeben, um die Menschen mit ihrer Gotteskraft in Verbindung zu bringen. Es hat vieles in ihrem Leben bewirkt. Es ist ein großer Unterschied, ob du diese Worte nur sagst oder die Kraft einmal erfahren hast.

Freue dich über deine ICH-BIN-GEGENWART. Sei dankbar dafür, daß du sie anwenden darfst, aber wende sie nur zum Wohle aller an und niemals, um egoistische Wünsche zu befriedigen. Sonst lädst du dir Karma auf.

Um den Anforderungen des neuen Jahrtausends gerecht zu werden, ist es notwendig, daß wir unsere spirituellen Körper, unsere Lichtkörper, entwickeln. Das beschleunigt unser geistiges Wachstum. Es bedeutet eine engere, tiefere und dauerhaftere Verbindung zu unserem Hohen Selbst. Höre nie auf, dich mit dem ICH BIN in deinem Herzen zu verbinden. Ruhe in der Liebe des ICH BIN. Schöpfe aus seiner Weisheit und lade dich mit seiner Kraft auf.

Es kann sein, daß zu Beginn deiner spirituellen Reise einige alte, längst vergessene Muster hochkommen. Das ist nur natürlich, weil sich das Ego gegen diese Wachstumsprozesse sperrt. Dies sollte dich jedoch nicht weiter beunruhigen. Bitte Gott, dir zu zeigen, um welche Muster es sich handelt, damit du sie in Liebe loslassen kannst. Möglicherweise wird es eine Weile dauern, bis du zu der richtigen Erkenntnis gelangst. Die Meditation kann dir bei deiner Suche helfen. Gib niemals auf, du wirst dein Ziel erreichen, wenn du beharrlich bist.

Der erste Schritt dazu ist: Erkenne an, daß du Licht bist. Du bist das Licht der Welt, und du bist in diese Welt gekommen, um das Licht in ihr zu verbreiten. Werde zum Lichtboten und Lichtträger. Dies ist deine wahre Identität. Dies ist deine Aufgabe, darum hast du dich zu dieser Zeit auf der Erde inkarniert. Daß du dir auch persönliche Entwicklungsschritte vorgenommen hast, steht außer Frage. Aber wir alle haben auch eine planetarische Aufgabe. Dabei handelt es sich in erster Linie darum, der Welt Licht, Liebe, Frieden und Heilung zu bringen.

Wenn du dir bewußt bist, daß du dich jederzeit mit dem Schöpfer allen Seins verbinden kannst, wirst du dein Leben auf einer höheren Bewußtseinsebene etablieren. Du wirst in der Lage sein, dein Leben von einer höheren Warte aus zu betrachten. Somit kannst du auch das Leben deiner Mitmenschen mit göttlichen Augen sehen.

Ich möchte nun eine Lichtmeditation mit dir teilen: Sprich dieses Übung am besten auf eine Kassette auf. Du kannst auch gerne die CD zum Buch bei mir bestellen. Sie enthält Meditationen aus dem Buch.

Setze dich an einen ruhigen Ort, an dem du dich wohlfühlst. Sorge dafür, daß du während deiner Meditation völlig ungestört bist. Laß im Hintergrund eine leise, ruhige Musik laufen, die dir gefällt und die dich in die Meditation hineinträgt.

Entspanne dich nun. Atme ein paarmal tief ein und aus und sei dir bewußt, daß du über deinen Atem kosmische Kraft aufnimmst, und lasse mit dem Ausatmen alles los, was du gerne loslassen möchtest. Komme mit jedem Atemzug mehr und mehr zur Ruhe. Lasse mit jedem Ausatmen die Außenwelt mehr und mehr los. Stell dir vor, wie aus deinen Füßen dicke Wurzeln wachsen wie bei einem Baum. Sende diese Wurzeln tief und breit in die Erde hinein und verankere sie dort ganz fest. Sei mit deinem Bewußtsein ganz in deinen Füßen und laß mit jedem Atemzug die Wurzeln stärker werden.

Gehe nun in deiner Vorstellung an einen Fluß. Setze dich an das Ufer des Flusses und lasse alle Emotionen zur Ruhe kommen. Mit jedem Atemzug entspannst du dich mehr. Die Außenwelt und der Alltag sind unwichtig geworden. Das ruhig dahinfließende Wasser entspannt deine Seele, läßt sie ganz in den Frieden hineinkommen. Komme ganz zur Ruhe und werde ganz still. Die Zeit hat keine Bedeutung mehr. Du bist im ewigen Jetzt.

Gehe nun am Flußufer entlang, bis du zu einer großen Pyramide kommst. Pyramiden sind Orte der Kraft, und du fühlst dich magisch angezogen von der Kraft der Pyramide. Schau dir die Pyramide genau an. Aus welchem Material ist sie? Vielleicht aus Sandstein, aus Edelsteinen oder einfach nur aus Licht? Gehe in diese Pyramide hinein. Sie ist mit Blumen und Kerzen festlich geschmückt. Alles ist zu deinem Empfang bereitet. Engel heißen dich willkommen.

In der Pyramide findest du eine große goldene Schale mit einem violetten Feuer. Es ist das Feuer der Transformation, das nicht verbrennt, sondern alles transformiert, was man ihm übergibt. Du darfst nun all das in das violette Feuer geben, was nicht mehr zu dir gehört, was nicht mehr deinem spirituellen Ausdruck dient. Du kannst ihm alle Eigenschaften übergeben, die dich stören. Du kannst ihm deinen Kummer und deine Sorgen überlassen. Wirf auch deine Ungeduld, deinen Neid, deine Mißgunst, deine Eifersucht und deine Minderwertigkeitsgefühle mit hinein. Fühle, wie du bei jeder Eigenschaft, die du dort hineinwirfst, freier wirst.

Gehe nun zur Mitte der Pyramide und stelle dich unter die Spitze. Von dort kommt ein wunderschöner violetter Lichtstrahl herunter. Saint Germain, der Aufgestiegene Meister und Hüter des violetten Strahls, kommt nun zu dir. Begrüße ihn und bitte ihn um seine Hilfe. Bitte ihn, mit dem violetten Licht alle Blockaden und karmischen Muster in dir aufzulösen. Bitte ihn, dir bei der Vergebung zu helfen. Bitte um Reinigung von allen Viren, Bakterien und Schlackenstoffen. Bitte um Heilung. Gib dich ganz dem violetten Licht mit seinen heilenden Strahlen hin.

Auf einmal wirst du von einem strahlenden weißen Licht umgeben. Jesus hat die Pyramide betreten. Unendliche Liebe und Güte gehen von ihm aus. Er ist dein Bruder und umgibt dich mit all seiner Liebe. Begrüße ihn zunächst einmal. Er wird dir seinen Segen geben und dich umarmen.

Gib dich ganz der Liebe hin, die von ihm ausgeht. Er hat eine Botschaft für dich, die jetzt für dein Leben wichtig ist. Du kannst ihn um Rat fragen und um Hilfe bitten.

Jesus begleitet dich nun vor ein großes goldenes Tor. Das Tor ist noch verschlossen. Schau es dir genau an. Ist es einfach und schlicht, oder ist es verziert? Hinter dem Tor wirst du deinem Hohen Selbst begegnen. Bist du bereit? Langsam öffnet sich das Tor.

Ein wunderbares Licht scheint heraus und lädt dich ein, einzutreten. Gehe hinein in dieses wunderbare Licht. Es umfängt dich mit all seiner Liebe. Hier ist deine wahre Heimat, denn du bist Licht. Hier ist deine göttliche Quelle. Hier ist heilige Wirklichkeit. Erfahre den Frieden im Zentrum deines Seins. Gib dich diesem Licht ganz hin, werde das Licht. Es durchdringt dein ganzes Sein. Hier ist alle Weisheit, Liebe und unendliche Kraft. Hier bist du eins mit Gott. Hier ist der Ort, an dem deine Seele ihrem Gott begegnen kann. Spüre die tiefe Glückseligkeit, die diese Begegnung für deine Seele bedeutet. Hier ist der Ort, an dem deine Seele Gott begegnen kann.

Öffne dich nun für die Botschaft Gottes, der jetzt zu dir spricht. Frage ihn, ob es sonst noch etwas gibt, was du wissen solltest. Bitte ihn um Führung für dein Leben. Du kannst auch um Hilfe für dich oder Menschen, die dir am Herzen liegen, bitten. Genieße das Gefühl des Einsseins. Fühle den Frieden, der die Ewigkeit durchpulst.

Bitte Gott, deine Energiekörper von alten karmischen Bindungen zu reinigen. Bitte darum, daß deine Lichtkörper entwickelt werden mögen. Erfahre das ICH BIN in dir.

Erfahre deine Göttlichkeit und das Einssein mit dem ganzen All. Ein wunderschönes, strahlend weißes Licht leuchtet in deinem Innern und erfüllt dein ganzes Wesen. Es reinigt und verjüngt alle deine Zellen. Es umfängt dich mit einer liebenden Mütterlichkeit.

Laß dieses leuchtende Licht sich nun ausweiten. Sende es zu allen Menschen und umhülle das ganze Weltall damit. Sieh dich als leuchtende Christussonne, die ihre Strahlen aussendet, um in allen Menschen das Licht zu entzünden. Sieh, wie du von einem großen Strahlenkranz umgeben bist. Diese Strahlen des göttlichen Lichtes gehen von dir aus. Mit dem Licht sende auch die göttliche Liebe aus.

Spüre die tiefe Glückseligkeit, die in dir ist. Du bist das ICH BIN in dir. Du bist der göttliche Geist.

Bedanke dich für die Erfahrung, die du hier machen durftest. Wenn du zurückgehst, nimm die Liebe und die Freude mit hinein in deinen Alltag, in deinen Beruf und in deine Familie. Gehe langsam den Weg zurück an das Ufer des Flusses. Genieße noch ein wenig die Stille und den tiefen Frieden in dir. Bewahre das Erlebte in deinem Herzen.

Komme dann langsam zurück in den Raum, von dem

aus du deine Meditation begonnen hast.

Atme ein paarmal tief ein und aus. Mit jedem Atemzug kommst du mehr und mehr in dein normales Tagesbewußtsein zurück. Recke dich und strecke dich. Nimm deine Arme hoch und schüttle die Hände aus. Du bist wieder ganz im Hier und Jetzt. Du bist ganz wach und fühlst dich unendlich wohl.

Am besten schreibst du dir gleich auf, was du erlebt hast, damit dir keine der Botschaften verlorengeht. Sei nicht traurig, wenn du beim ersten Mal nicht gleich alles erleben und nachvollziehen konntest. Du kannst diese Meditation ja jederzeit wiederholen. Je öfter du sie machst, desto mehr wirst du erleben. Manche Menschen sehen klare Bilder, aber die meisten haben mehr ein „Empfindungssehen."

Je mehr du die Kontrolle des Verstandes aufgeben und dich ganz der Meditation hingeben kannst, desto stärker wird dein Erleben sein. Bitte vergiß nie, um Schutz zu bitten, bevor du dich zur Meditation hinsetzt:

„Lieber Gott, ich bitte um Schutz für diese Meditation. Gib, daß nur die Energien aus der Christusebene zu mir gelangen. Amen.

Erkenne die mächtige ICH-BIN-GEGENWART in dir an. Du kannst dich jederzeit mit ihr verbinden und von ihr Gebrauch machen. Schon in der Bibel heißt es:

„Sei still und wisse, du bist Gott."

Vielen Menschen macht es Schwierigkeiten zu sagen:

„ICH BIN Gott."

Es ist so, wir sind Gott. Es ist keine Gotteslästerung, wie manche Menschen vielleicht denken mögen. Dies zu wissen macht nicht hochmütig, sondern ganz demütig und dankbar. Es erinnert uns an unser wahres Sein. Wir leben in einem Körper, der uns befähigt, Gott zum Ausdruck zu bringen. Wenn du Gott in dir weißt, kannst du ihn auch in deinen Mitmenschen erkennen.

Sri Aurobindo hat es so ausgedrückt:

„Doch das Göttliche, das er in sich selbst sieht, sieht er ebenso in anderen und als Geist, der allem gleichermaßen innewohnt. Deshalb ist die wachsende innere Einheit mit anderen eine Notwendigkeit seines Seins und die perfekte Einheit, gleichzeitig Zeichen und Bedingung für ein perfektes Leben."

Es ist dein wahres Wesen, Kanal für die kosmische Energie zu sein. Öffne dich dafür und erkenne, wie du dem Kosmos am besten dienen kannst. Wir alle sind in der Lage, die kosmische Energie zu kanalisieren und zum Wohle aller anzuwenden. Jeder Mensch hat mediale Fähigkeiten, nur bei den meisten sind sie verschüttet. Je mehr wir unsere Energiefrequenz erhöhen können, desto durchlässiger werden wir für die Energien aus den hohen Dimensionen des Lichts. Wenn Liebe und Licht unser ganzes Wesen durchstrahlen, sind wir unserer Bestimmung ganz nah. Dann gibt es keine Konflikte. Sie entstehen nur aus dem Glauben der Trennung. Auf diese Weise werden wir in ein tiefes Verstehen für unser wahres Wesen hineinkommen. Der Schleier des Mysteriums lüftet sich, und neue Ebenen der Erkenntnis öffnen sich für uns. Wir werden fähig sein, alles von einer höheren Warte aus zu sehen. Natürlich müssen wir dazu unsere „Froschperspektive" verlassen und unsere Bereitschaft erklären, tief in unserem Innern die Ebenen der Weisheit und Liebe aufzusuchen. Wenn du deine Bestimmung erkannt hast, wirst du gar nicht mehr anders können als Liebe und Freude zu leben. Wenn du dich ernsthaft darum bemühst, wird sich dein ganzes Potential nach und nach zeigen. Mit Hilfe deines Hohen Selbst wirst du es mehr und mehr entfalten. Dein ganzes Leben wird mehr im Fluß sein. Wenn du alle Begrenzungen hinter dir gelassen hast, bist du bereit für einen Quantensprung. Du wirst wissen, daß du das ICH BIN bist.

Beginne deinen Tag damit, Licht in alle deine Aktivitäten zu schicken. Schließe deine Augen und stelle dir vor, daß aus deinen Händen ein strahlend weißes Licht herausströmt. Lasse dieses Licht wie einen Lichtteppich gedanklich in den neuen Tag hineinfließen und bitte darum, daß alle deine Angelegenheiten vom Licht durchdrungen werden. Denke dazu:

*ICH BIN das Licht und all mein Tun
steht unter dem göttlichen Licht.*

Wenn du mit Gott verbunden bist, wirst du eins mit der

universellen Energie des Lebens. Du kannst deine Energie augenblicklich anheben, indem du das A-U-M singst. Singe das A-U-M einige Male in deiner Tonhöhe und spüre, wie es all dcine Chakren energetisiert.

Die Kraft Gottes ist in dir. Mit ihr kannst du alles vollbringen, weit jenseits deiner Vorstellungskraft.

Die Weisheit Gottes ist in dir und wird dir alles Wissen übermitteln, das du zum richtigen Zeitpunkt brauchst, wenn du darum bittest.

Die Liebe Gottes ist in dir und immer bereit, dich zu lieben und dich zu umsorgen, wenn du es zuläßt.

Verbinde dich mehrmals täglich mit der ICH-BIN-KRAFT, indem du folgendes sagst:

„ICH BIN die liebende göttliche Gegenwart, in mir, die über meinen Verstand, meinen Körper und in all meinen Angelegenheiten regiert."

Bekräftige öfter:

„ICH BIN vollkommene Gesundheit."

Aber nicht erst dann, wenn du bereits krank bist. Diese ständige Bekräftigung deiner Gesundheit verhindert, daß du krank wirst.

Sei dir bewußt, daß du diese Kraft jederzeit anrufen und anwenden kannst. Sie ist dein, dir von Gott gegebenes Erbe. Nutze sie! Mit ihr kannst du Wunder vollbringen, bist du mit Gott verbunden, steht dir das Universum offen. Es gibt keine Begrenzungen, außer denen, die du dir selbst auferlegst. Sei klar in deinem Ausdruck, nur dann ist dir die Unterstützung des Universums sicher.

Khalil Gibran hat einmal die folgenden, wunderbaren Worte gesagt:

„Gott ruht im Stein, atmet in der Pflanze, träumt im Tier und erwacht im Menschen."

Wenn du dich der Liebe anvertraust, kann Gottes Kraft durch dich wirken, seine Weisheit dein Leben verändern und seine Liebe dich tragen. So wird alle Furcht aus deinem Leben verschwinden und tiefer Frieden einziehen. Gott ist vollkommen, wie auch du vollkommen bist. Doch nur in der innigen Verbindung mit Gott wirst du diese Vollkommenheit leben können.

Wir Menschen werden immer wieder aus der Einheit hinausfallen. Das Wichtigste ist, daß wir uns immer wieder neu mit Gott verbinden.

Am Anfang mag es dir schwerfallen, doch mit der Zeit, wenn du dich Gott immer wieder zuwendest, wirst du feststellen, daß es selbstverständlich wird, in ihm zu sein.

Botschaft von Jesus Christus

Geliebte Brüder und Schwestern,
Friede sei mit euch. Ich bringe euch den Frieden Gottes und möchte euch an eure Göttlichkeit erinnern. Habt ihr schon einmal darüber nachgedacht, was es bedeutet:

Ich und der Vater sind eins?

Viele Menschen glauben auf Grund ihrer religiösen Überzeugungen, daß nur ich und der Vater eins sind. Ich aber sage euch, ihr alle seid eins mit Gott, jeder von euch. Ihr seid Gott!

Bedenke, Menschenkind, was das bedeutet:

ICH BIN GOTT.

Gott ist der Geist der Liebe, der überall anwesend ist. Es gibt keinen Ort und keinen Platz, an dem diese Liebe nicht wäre. So ist sie auch in dir, vielleicht noch tief verborgen, aber trotzdem immer präsent. Sie wartet darauf, daß du sie anerkennst und fließen läßt. Ich bin gekommen, um sie in dir zu erwecken. Geliebtes Kind unseres einen Vaters, erkenne, wer du bist! Verstehe, daß du eins bist mit dem ganzen All. Alles im Kosmos ist Schwingung und Energie, durchdrungen vom göttlichen Sein.

Ich ermutige dich, Gott in dir zu finden. Es gibt einen Ort in dir, an dem deine Seele ihrem Gott begegnen kann. Finde diesen Platz in dir und suche ihn auf, sooft es dir möglich ist. Er ist dein inneres Heiligtum. Diesen Ort kannst du allerdings nur dann finden, wenn du absolut still wirst. Schau tief in dich hinein, um dieses Licht und diese Liebe in dir zu finden. Du bist das Licht der Welt. Sei dir dessen bewußt! Immer und zu allen Zeiten. Zweifle nicht länger.

Erkenne dieses Licht in dir und strahle es aus, zu deinen Brüdern und Schwestern. Sende es zu allen Tieren, allen Pflanzen. Sende es zu den vier Elementen, dem Wasser, der Erde, der Sonne und der Luft. Dieses Licht wird sich mehr und mehr verstärken, wird sich vereinen mit dem Licht anderer Menschen. Aus den hohen Dimensionen des Lichts werden ständig hohe Lichtfrequenzen zur Erde gesandt. Sie werden sich mit eurem Licht vereinen. So wird sich das Licht mehr und mehr ausbreiten, bis es zu einem riesigen Lichtermeer wird, von dem alle Menschen getragen sind und dem sich niemand mehr verschließen kann. Wenn alle Menschen auf der Erde und alle Seelenwesen in den geistigen Reichen dieses Licht, und diese Liebe in sich finden, dann sind wir alle wieder in der absoluten Einheit mit Gott. Das wird eines Tages geschehen. Wie lange es dauert? Das liegt bei jedem einzelnen von euch.

So rufe ich dich auf und bitte dich, dein Herz zu öffnen, die Liebe fließen zu lassen und dein Licht mit dem Licht deines Bruders und deiner Schwester zu verbinden. Wenn du dein Christuslicht leuchten läßt, erweckst du es in deiner Schwester oder deinem Bruder.

Ich stehe immer liebend an deiner Seite und bin bereit, dir zu helfen, wenn du mich rufst. Ich habe euch Menschen doch versprochen:
Ich bin bei euch alle Tage.
Erkenne, du bist Gott. Gott ist das schöpferische Prinzip in dir, das sich durch dich zum Ausdruck bringen möchte. Diese Kraft des ICH BIN in dir steht dir jederzeit zur Verfügung. Diese Kraft ist zu allen Zeiten in dir und um dich. Die Weisheit des ICH BIN wird dich lehren und leiten. Die Freude des ICH BIN wird dir Kraft geben. Sei im Frieden. Es kann niemals Frieden werden in der Welt, wenn in dir Kampf und Chaos die vorherrschenden Gefühle sind. Bitte darum, daß du im Frieden leben kannst, wenn du gerade in der Angst gefangen bist. Augenblicklich wird dir Hilfe zuteil werden.

Ich danke dir für deine Offenheit und Bereitschaft zur Entwicklung. Ich danke dir für die Liebe, die du lebst und ausstrahlst. Ich danke dir für das Licht, das du in die Welt aussendest."

Jesus

Botschaft von Saint Germain

Ihr geliebten Wesen auf der Erde,
ich grüße euch mit Licht und Liebe. Ich möchte euch kundtun, daß hier in diesen lichten Ebenen so viel Liebe für euch ist, die euch geschenkt wird. Ich wünschte, ihr könntet die Wesenheiten sehen, die in ihren strahlenden Lichtkörpern um euch herum sind. Sie möchten euch Hilfe, Heilung und Führung geben.

Ihr steht an einem Wendepunkt der Zeit. An einem Wendepunkt von der Materie zum Geistigen. Viele von euch sind in ihren Ängsten und in den sie einengenden Strukturen gefangen. Viele von euch sind bereit zur Veränderung. Bereit zur Erneuerung. Bereit, in ein schnelleres Schwingen hineinzukommen.

Um schneller schwingen zu können, ist es notwendig, die Ängste loszulassen, die euch binden und all das in Resonanz bringen, wovor ihr euch fürchtet.

Das „Gesetz der Resonanz" oder „das Gesetz der Entsprechung" ist allezeit wirksam. So muß eure Seele in Resonanz schwingen zu den lichten Energien, die wir euch senden, damit es eine Einheit geben kann. Eine Einheit der Schwingungsfrequenzen, eine Einheit im Sinne der Lie-

be. Viele Menschen versuchen heute allerlei Praktiken, um in eine schnellere Schwingung hineinzukommen, ohne sich dessen bewußt zu sein, daß eine leblose Zeremonie, die nicht in Resonanz zu eurem eigentlichen Sein ist, ein sinnloses Tun bedeutet.

Manche von euch ziehen das Licht aus den höchsten Ebenen zu sich herunter und glauben, daß sie dadurch allein gewandelt und verwandelt werden können.

Wenn aber die innere Resonanz der Seele zu dem Licht, das von oben kommt, nicht gegeben ist, gibt es ein Ungleichgewicht zwischen euren verschiedenen Energiekörpern und dem physischen Körper.

Darum ist es notwendig, ihr Geliebten, von innen her eine Wandlung anzustreben. Eine Wandlung auf der Ebene, auf der allein eine Transformation vollzogen werden kann. Dies ist die Wandlung der gedanklichen Ebene, denn jeder Gedanke erzeugt eine bestimmte Schwingung. Jeder Gedanke tritt in Resonanz mit anderen Schwingungen und vereint sich hier zu einem Potential der Angst oder dem Potential der Liebe.

So ist es sinnvoll, zunächst einmal eure Gedanken zu beobachten und zu verwandeln, eure Sichtweise über euch und die Menschen, die mit euch leben, zu verändern. Eure Sichtweise über euch und andere Völker zu transformieren. Es nützt nichts, sich über die Politiker zu ärgern und aufzuregen. Damit verändert ihr nichts. Ihr verändert aber etwas und transformiert es, wenn ihr den Führungskräften dieser Welt euer Licht sendet, das aus der göttlichen Liebe entspringt, damit dieses göttliche Licht sich in derSeele der Führungspersönlichkeit entzünden kann.

Dort, wo ihr angstbesetzte Nachrichten übermittelt bekommt, sei es durch eure Medien oder durch die Erzählungen anderer Menschen, haltet inne und tut etwas zur Verwandlung, zur Verbesserung. Nicht, indem ihr euch ärgert oder aufregt und somit noch mehr negative Energie in den Kosmos schickt, sondern, indem ihr die in euch wohnende Kraft des ICH BIN nutzt, um angstbeladene Energien zu transformieren, um angstbeladene Situationen zu entspannen und somit euren Beitrag zu einer lichten Umwandlung auf eurem Planeten Erde zu leisten.

Seht ihr, meine Geliebten, wir hier in diesen lichten Ebenen würden gerne mit euch gemeinsam die Verwandlung einleiten, damit die Reinigung im Bewußtsein der Menschen durch die vergeistigte Atmosphäre vorgenommen werden kann. Eine Reinigung ist durchaus notwendig, aber es wäre besser, sie über eine Bewußtseinswandlung zum Tragen zu bringen.

So geben wir euch, die ihr die Bereitschaft habt, etwas für das Bewußtsein der Menschen auf der Erde zu tun, unsere Liebe und unseren Dank. Wann immer ihr möchtet, ruft uns an, wir stehen bereit, um euch zu dienen, um euch zu helfen.

Wir alle sind Kinder des einen Geistes, der das ganze All erschuf. Wir alle sind verbunden durch diesen göttlichen Geist, der überall anwesend ist und alles durchdringt, alles Sein durchflutet.

Ich ermutige euch, eure ganze Farbigkeit zu leben. Ich ermutige euch, eure Talente und eure Kreativität zu fördern und in die Freude des Daseins hineinzukommen. Ich ermutige euch zu mehr spielerischen Aspekten in eurem Leben. Ich bitte euch, laßt den Kampf, die Traurigkeit und die Schwere in eurem Leben hinter euch. Kommt in die Leichtigkeit eures Seins, damit ihr, zunächst auf der Seelenebene und dann mit euren Lichtkörpern, euren Energiekörpern, höhere Schwingungen erlangen könnt, die aber im Gleichgewicht sein müssen. Je schneller ihr schwingt, desto leichter werdet ihr, desto liebevoller seid ihr und könnt in eurer Mitte die Zentrierung finden, die notwendig ist, um die schnelle Schwingung in der Balance zu halten.

Ich danke euch für die Aufmerksamkeit, die ihr mir geschenkt habt. Ich danke euch für die Liebe, die ihr aussendet. Ich danke euch für eure Bereitschaft zur Kooperation mit den hohen geistigen Dimensionen.

Ihr Lieben, ich bitte euch, nehmt euch die Zeit zur Meditation und Verbindung mit den Aspekten eurer Seele und eures Hohen Selbst. Aus dieser Verbindung heraus entstehen die Liebe, die Freude, die Fülle und die Harmonie der Welt. Ich gebe euch allen meine Liebe und danke euch."

Saint Germain

Kommunikation mit Gott

In der Stille, wenn wir uns ganz in die Einheit mit Gott versenken, können wir die Stimme Gottes hören.

Ich möchte hier einige Gottesbotschaften veröffentlichen, die ich in meiner Meditationsgruppe für die Teilnehmer bekommen habe. Während einer Morgenmeditation bekam ich den Impuls, sie auch mit dir zu teilen.

„Geliebte Kinder des Lichts,

erlebt euch in eurem wahren Sein. Laßt die Ängste los. Sie hindern und binden euch nur. Sie versetzen euch in Panik. Ist die Panik erst einmal da, kommt ihr ohne Hilfe nur schwer in den Frieden hinein. Meine Hilfe ist euch stets gewiß. Ihr braucht nur darum zu bitten und bereit zu sein, sie anzunehmen.

Für jeden von euch ist es wichtig, seinen eigenen Wert zu erkennen. Habt ihr euren Wert und eure Göttlichkeit erkannt, gibt es nichts zu fürchten. Ihr vergeßt immer wieder, daß ihr Schöpfer eurer eigenen Realität seid. Ihr glaubt, daß andere Menschen schuld an eurem Unglück sind. Versteht, daß ihr alles, was euch begegnet, in euer Leben eingeladen habt. Auch wenn ihr dies nicht bewußt tut, so habt ihr auf der unbewußten Ebene, auf der Ebene eurer Seele darum gebeten. Zufälle gibt es nicht im Kosmos.

Jeder Lernprozeß, den ihr noch nicht gemacht habt, jede Prüfung, die ihr noch nicht bestanden habt, wird euch von eurer Seele nochmals dargeboten. Andere Menschen helfen euch, diese Erfahrung zu machen. Sie stellen sich euch in Liebe zur Verfügung. So kommt ins Einverstanden sein, kommt in die Akzeptanz. Erkennt eure Schöpferkraft an und sorgt dafür, daß ihr euch und andere Menschen liebt. Die Liebe ist immer da, weil ich immer da bin. Erlaubt mir, in eurer Leben zu kommen und mich durch euch auszudrükken. Ich möchte euch mein Reich in all seiner Fülle geben. Ich segne euch in Liebe."

ICH BIN der ICH BIN

*„Geliebte Kinder des Lichts,
seid gesegnet mit meiner Liebe. Wißt ihr nicht, daß ihr Liebe seid? Wieder und wieder sage ich dies, bis es eines Tages in eurem Bewußtsein verankert ist. Wenn ihr die Liebe wirklich lebt, braucht ihr euch nicht mehr zu ängstigen, braucht nicht mehr be- und verurteilen, sondern gebt allen Menschen eure Liebe. Die göttliche Liebe in euch richtet den anderen auf und gibt ihm neuen Mut und belebende Kraft.*

Meine Liebe für euch ist immer gleich, egal, wie ihr euch verhaltet. Eure Liebe aber ist an Bedingungen geknüpft. Ist sie dies aber, so ist es keine Liebe.

Eure Ängste drücken euch oft nieder und machen euch das Leben schwer. Nicht äußere Umstände ängstigen euch, sondern eure angstvolle Wahrnehmung versperrt euch den Weg der Liebe und des Lichts.

Ich ermutige euch, euch eurer ICH BIN Gegenwart stets bewußt zu sein und aus ihr heraus zu handeln. Dann könnt ihr Berge versetzen und die Sterne vom Himmel holen. Die Sterne der Liebe aber leuchten in euch. Je mehr Liebe ihr gebt, desto mehr werdet ihr bekommen.

Ihr aber wartet darauf, daß andere Menschen euch ihre Liebe beweisen. Die Liebe bedarf keiner Beweise. Sie ist. Sei still und wisse: Du bist Liebe. Sei still und wisse: Du bist Gott. Schaut tief in euch hinein. Dort findet ihr ein reines, klares Licht, das alle Dunkelheit erhellt. Es ist immer da und wartet darauf, daß ihr zu ihm kommt. Nur nehmt ihr euch oft nicht die Zeit dazu. Ihr eilt geschäftig bald hierhin, bald dorthin. Ich aber warte geduldig, bis ihr mir erlaubt, mich durch euch zu manifestieren. *ICH BIN das Licht, das in euch scheint. ICH BIN die Liebe, die euch nährt. ICH BIN die Weisheit, die euch leitet. ICH BIN die Kraft, die alles erschaffen kann. Lebendiges, göttliches Sein, dahin führe ich euch. Mein Zuhause ist das Licht. Dieses göttliche Licht, dessen Ursprung ihr seid, ist in allem Sein. Das ganze Universum besteht aus Licht. Verwendet es weise und mit Liebe. Ich möchte euch gerne helfen. Nur erlaubt ihr es mir und meinen Helfern oft nicht, weil euer Ego euch glauben machen möchte, daß es für euch sicherer ist, wenn ihr alles unter Kontrolle habt. Und so irrt ihr in Ängsten oft ziellos umher, ohne in den sicheren Hafen einzulaufen. Ihr findet alles Wissen in euch. Seht den strahlenden Kristall in eurem Herzen. Schaut, wie er leuchtet und strahlt. Dieses Strahlen wird sich ausbreiten und alle Farben des Regenbogens beinhalten, die ihr zur Heilung nutzen könnt. Ich segne euch mit meiner Liebe. Das heilende göttliche Licht sei mit euch allen."*

ICH BIN der ICH BIN

„Meine geliebten Kinder,

freut euch eures Lebens und nehmt jeden neuen Tag als Geschenk. Seid bereit, euch an dem zu erfreuen, was der Kosmos aus seiner großen Wundertüte zaubert. Auch in euch ist ein kleiner Zauberer, der begierig darauf wartet, in eurem Inneren ein riesiges, farbiges Feuerwerk abzubrennen. Laßt euer inneres Kind öfter mal zu dem Zauberer gehen und schauen, welche Überraschungen er für euch bereithält.

Ihr geht viel zu ernst durch eure Tage und seht die Schönheiten nicht, die euch begegnen. Eure Ängste legen sich oft wie eine graue Dunstglocke über euer Gemüt und lassen euch die Sonne nicht sehen, und auch das Funkeln der Sterne kann euch nicht entzücken.

Reinigt eure geistigen Augen, um all die Schönheiten aufzunehmen. Erblickt zuerst eure eigene Schönheit, die sich dann in allem anderen reflektiert. Die ganze Schönheit des Kosmos ist in euch. Entdeckt sie. Freut euch daran, wie ich mich daran erfreue. Wieder und wieder werde ich euch darauf aufmerksam machen. So lebt jeden Tag mit einem lachenden Herzen, in dem ich wohne.

Ich segne euch mit meiner Liebe, gebt sie weiter an eure Schwestern und Brüder."

                                      ICH BIN der ICH BIN

„Geliebte Kinder des Lichts,

ich grüße euch und danke euch für euer Bemühen, das Licht auszusenden. Allzulange haben die Menschen die Wichtigkeit des Lichtschickens unterschätzt oder vergessen. Was ihr aussendet, kommt zu euch zurück. Wenn ihr Liebe aussendet, kehrt sie in euer eigenes Herz zurück. Macht ihr eueren Mitmenschen Freude, kehrt die Freude bei euch ein.

Keiner eurer Gedanken geht verloren. Wie oft sendet ihr sorgende Gedanken aus. Sie rauben euch die Energie. Es ist sehr wichtig für euch Menschen, daß ihr darauf achtet, euren Energielevel hochzuhalten. Nur wenn ihr euch auf einem hohen Energieniveau befindet, seid ihr in der Lage, euch auf die höheren Bewußtseinsebenen einzuschwingen. Je höher ihr schwingt, desto hellfühliger werdet ihr. Sinkt euer Energieniveau zu stark ab, seid ihr meistens nicht mehr in der Lage, meine göttliche Führung wahrzunehmen. Lernt, euch mit Licht und Liebe wieder aufzuladen, wenn ihr müde seid oder euch energielos fühlt. Auch Zorn und Ärger rauben euch die vitalen Energien. So achtet auf euer Energieniveau. Entwickelt euren Lichtkörper. Dies ist unendlich wichtig in den kommenden Zeiten."

ICH BIN der ICH BIN

Epilog

Meine geliebten Kinder.

Ich, der Schöpfer allen Seins, gebe euch meine Liebe, meine Freude und mein Licht. Mein göttlicher Geist ist tief in jedem von euch verankert. ICH BIN in euch, und ihr seid in mir. Ich rufe euch auf, in euer göttliches Sein hineinzukommen, eins zu werden mit mir und dem ganzen Universum. Meine Liebe für euch ist das alles durchdringende Prinzip. Jede Seele im Kosmos, sei sie nun auf der Erde, in der geistigen Welt oder auf anderen planetarischen Systemen, ist durchdrungen vom Geist der Heiligkeit. Jede Seele ist aufgerufen, ihren Schöpfergeist zu gebrauchen, um ihre eigene Realität so harmonisch, schön und liebevoll zu gestalten, wie es ihr möglich ist. Meine Vision für euch ist viel größer, als ihr sie euch jemals ausmalen könnt. Ich habe euch vollkommen geschaffen, als multidimensionale Wesen, die mit ihrem Bewußtsein auf verschiedenen Seinsebenen gleichzeitig existieren können. Nur ihr habt euch Begrenzungen auferlegt und auferlegen lassen. So ist es eure Wahl, diese Begrenzungen abzubauen, um wieder das zu werden, als das ihr in Wahrheit geschaffen seid. Göttinnen und Götter, Schöpferinnen und Schöpfer, die gleich mir erschaffen können. Jeder ist sein eigenes Universum, das mit allen anderen Universen verbunden ist.

Hört auf, euch als klein, schuldig und unwürdig zu sehen. Es wurde euch über Jahrtausende beigebracht, um euch von eurer Schöpferkraft fernzuhalten. Jetzt ist die Zeit gekommen, in der jeder Mensch, der auf der Erde weilt, die Begrenzungen abbauen, seine Schwingungen erhöhen und wieder zu dem werden kann, was er in Wahrheit ist, ein freies göttliches Wesen, eins mit mir und dem ganzen Kosmos. Der Mensch sollte sich seiner Schöpferkraft voll bewußt werden und von dieser Gebrauch machen, zum Wohle allen Seins.

Beginne deinen Tag mit folgender Bejahung:
ICH BIN Liebe, Gesundheit, Freude,
Frieden und Wohlstand.

Wenn du dies regelmäßig machst, werden diese Worte in dein Unterbewußtsein einprogrammiert. Es wird eine Weile dauern, bis dein Unterbewußtsein dieses neue Gedankenmuster akzeptieren und umsetzen kann.

Ich segne dich mit meiner Liebe. Gib sie weiter, mein geliebtes Kind."

ICH BIN der ICH BIN.

Liebe Leserin und lieber Leser...

... ich wünsche dir viel Freude auf der magischen Reise zu dir. Es wird immer wieder Höhen und Tiefen in deinen Leben geben. Sei dir bewußt, daß du den Weg niemals alleine gehen mußt. Gott ist stets an deiner Seite, um dir zu helfen. Die Kraft seines Geistes ist in dir und möchte sich durch dich manifestieren.

Möge sich die Liebe durch dich immer weiter ausbreiten. Ich danke dir, daß du mithilfst, unseren wunderbaren Planeten und das Bewußtsein der Menschen zu heilen.

Wenn du Rat oder Hilfe brauchst, kannst du dich jederzeit an mich wenden.

Spirituelle Meditations-CDs
Gebet ist sprechen mit Gott

Die Meditationen auf dieser CD führen Dich zu der Liebe und zu dem göttlichen Potential, das in Dir schlummert. Ein Weg, der Dich Dein inneres Licht erkennen läßt. Erkenne das Wunder, das in Dir liegt und lebe es.

1. Erkenne Deinen Weg - Finde Deine kosmische Aufgabe
2. Du bist das Licht der Welt - Sende es aus!
3. Die Verwirklichung Deiner Träume - Erreiche Deine Ziele

CD: Bestell-Nr.: VKB 098-1, DM 39,-

Die Meditationen auf dieser CD führen Dich zu den multidimensionalen Talenten, die in Dir verborgen sind. Sie helfen Dir, Dich den höheren Dimensionen des Lichts zu öffnen und für die Anforderungen des neuen Jahrtausends bereit zu machen.

1. Loslassen alter Muster - Durch Vergebung zur Liebe
2. Erhöhe Deine Schwingung - Entwickle Deinen Lichtkörper
3. Der Weg zum Hohen Selbst - Das ICH BIN in Dir

CD: Bestell-Nr.: VKB 098-2, DM 39,-

mit Elisabeth Dude

Meditation ist hören auf Gott.
White Eagle

Die Meditationen auf dieser CD führen Dich zu dem Kontakt mit der Geistigen Welt, Deinem Geistführer und Deinem Hohen Selbst. Sie helfen Dir Rat und Hilfe aus den höheren Dimensionen des Lichts zu bekommen.

1. Kontakt mit Deinem Geistführer
2. Verbindung mit dem Hohen Selbst
3. Rat und Hilfe aus der Geistigen Welt

CD: Bestell-Nr.: VKB 098-3, DM 39,-

Die Meditationen auf dieser CD führen Dich zu den vielfältigen Möglichkeiten der geistigen Heilung. Sie helfen Dir, Dich mit der heilenden Christuskraft zu verbinden. Erkenne die Ursache deiner Krankheit und öffne Dich für die göttliche Heilkraft.

1. Reinige Deine Aura - harmonisiere Deine Chakren
2. Begegnung mit der heilenden Christuskraft
3. Erschaffe Deinen geistigen Heilungstempel

CD: Bestell-Nr.: VKB 098-4, DM 39,-

Von der gleichen Autorin erschienen:

Die Autorin zeigt in ihrem vierten Buch in einzigartiger Weise die vielfältigen Möglichkeiten und Methoden der Geistheilung auf. Jeder kann sie erlernen, um sich und andere zu heilen.

Ein Buch aus der Praxis für die Praxis. Ein praktischer Ratgeber, der die seelisch-geistigen Hintergründe vieler Krankheiten beleuchtet und die Wege zur Heilung zeigt.

Erhältlich im Buchhandel · ISBN 3-00-002479-4
oder bei: **Verlag für kosmisches Bewußtsein**
Herzogstraße 7 · 40217 Düsseldorf · Telefon u. Fax: 0211 - 38 26 93

Von der gleichen Autorin erschienen:

In ihrem dritten Buch beschäftigt sich Elisabeth Dude mit dem göttlichen Potential, das in jedem Menschen verborgen ist. Sie zeigt in eindrucksvoller Weise auf, wie dank der wunderbaren Kraft in uns alle Probleme gelöst und alle Krisen gemeistert werden können.

»Du bist ein Wunder« zeigt, daß jeder in der Lage ist alles zu erreichen was er will. Eine echte Hilfe für alle Menschen. Eine spirituelle Reise zu dir.

Erhältlich im Buchhandel · ISBN 3-00-001604-X
oder bei: **Verlag für kosmisches Bewußtsein**
Herzogstraße 7 · 40217 Düsseldorf · Telefon u. Fax: 0211 - 38 26 93

Von der gleichen Autorin erschienen:

*E*lisabeth Dude beschäftigt sich in diesem Buch mit Fragen, denen sich die Menschen in der heutigen Zeit immer weniger entziehen können.

Was geschieht mit der Seele am Ende unseres Lebens? Wo kommt sie her und wo geht sie hin? In diesem Buch lüftet sich der Schleier des Mysteriums. Gibt es ein Leben oder viele?

Die Autorin geht auf alle diese Fragen ein und erzählt eindrucksvoll von ihrer Arbeit als Clearing- und Rückführungstherapeutin.

Botschaften aus der geistigen Welt von Meister Eckhart, ihrem Geistführer und spirituellen Lehrer, zum neuen Zeitalter und den Aufgaben, die jeden von uns erwarten, machen dieses Buch zu einem wertvollen Ratgeber in einer Zeit der Wandlung.

Erhältlich im Buchhandel · ISBN 3-00-001325-3
oder bei: **Verlag für kosmisches Bewußtsein**
Herzogstraße 7 · 40217 Düsseldorf · Telefon u. Fax: 0211 - 38 26 93

Von der gleichen Autorin erschienen:

Mit diesem Buch wendet die Autorin sich an alle, die wissen möchten, wie sie mit der geistigen Welt in Verbindung treten können.

Neben komplexen Problemen wie Liebe, Frieden und Erfüllung beschäftigt sich die Autorin mit ganz realistisch-praktischen Dingen wie dem „Reichtumsbewußtsein auf allen Ebenen" oder der „Suche nach dem eigenen inneren Arzt."

Meditations- und Visualisationsübungen ergänzen den hilfreichen Ratgeber. Dieses positive, warmherzige und direkte Buch zur geistigen Lebensgestaltung will jenes göttliche Potential wecken, das in uns allen schlummert.

Erhältlich im Buchhandel · ISBN 3-8280-0090-8
oder bei: **Lichtzentrum Elisabeth Dude**
Herzogstraße 7 · 40217 Düsseldorf · Telefon u. Fax: 0211 - 38 26 93

Kurse und Seminare mit der Autorin:

- Kontakt mit deinem Geistführer
- Ein Kurs in Wundern
- Kreativ Wohlstand schaffen
- Geistheilungsseminare
- Heilung des inneren Kindes
- Clearing und Rückführungen
- Spirituelle Lebensberatung & Channeling

Information und Anmeldung bei:
Lichtzentrum Elisabeth Dude
Herzogstraße 7 · 40217 Düsseldorf · Telefon u. Fax: 0211 - 38 26 93

Urlaubs-Seminare auf Mallorca:

DER KREATIVE WEG ZUM HOHEN SELBST

Ferien-Intensiv-Seminar in malerischer Umgebung

- Kontakt mit Deinem Geistführer
- Ein Kurs in Wundern
- Kreativ Wohlstand schaffen
- Heilung des inneren Kindes
- Meditatives Schreiben
- Traumreisen in innere Welten

Seminare jeweils im Juni und September.

Information und Anmeldung bei:
Lichtzentrum Elisabeth Dude
Herzogstraße 7 · 40217 Düsseldorf · Telefon u. Fax: 0211 - 38 26 93